什么是科学社会主义

主　　编　闫　玉

副 主 编　孔德生　王雪军

本册作者　黄　佳

中华工商联合出版社

图书在版编目（CIP）数据

什么是科学社会主义 / 黄佳编著. --北京：中华
工商联合出版社，2014.3
ISBN 978-7-80249-978-2

Ⅰ．①什… Ⅱ．①黄… Ⅲ．①科学社会主义理论－青
年读物②科学社会主义理论－少年读物 Ⅳ．①D0-0

中国版本图书馆 CIP 数据核字（2014）第 034654 号

什么是科学社会主义

作　　者	黄　佳
出 品 人	徐　潜
策划编辑	魏鸿鸣
责任编辑	魏鸿鸣
封面设计	徐　超
责任审读	李　征
责任印制	迈致红
出版发行	中华工商联合出版社有限责任公司
印　　刷	固安县云鼎印刷有限公司
版　　次	2014 年 4 月第 1 版
印　　次	2021 年 10 月第 2 次印刷
开　　本	155mm×220mm　1/16
字　　数	74 千字
印　　张	10
书　　号	ISBN 978-7-80249-978-2
定　　价	38.00 元

服务热线：010－58301130
销售热线：010－58302813
地址邮编：北京市西城区西环广场 A 座
　　　　　19－20 层，100044
http://www.chgslcbs.cn
E-mail: cicap1202@sina.com（营销中心）
E-mail: gslzbs@sina.com（总编室）

目 录 *Contents*

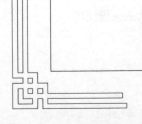

一、"科学社会主义"的
概念从何而来?

科学社会主义亦称科学共产主义,是马克思、恩格斯所创立的区别于空想社会主义的科学理论体系,它既是指一种学说、理论,又是一种社会实践、社会制度,还指一种社会形态。一般认为,科学社会主义存在广义和狭义两种理解。广义的科学社会主义指共产主义学说,与马克思主义是同义语;而狭义的科学社会主义,通常是与马克思主义哲学、马克思主义政治经济学一起作为马克思主义三大基本理论之一被理解和使用。本书中所指称的科学社会主义,亦是从狭义上进行理解和解读。

马克思、恩格斯并非从一开始就选择使用

"科学社会主义"来指称自己的理论，而是经历了理论的深入发展和认识之后，才确定使用"科学社会主义"这一概念的。起初，马克思和恩格斯更加倾向于用"共产主义"一词来表达自己的立场。因为在当时社会中冠以"社会主义"之名的学说和派别林立，并且这些以"社会主义"命名的学说主要是一些空想学说。例如 19 世纪 40 年代欧洲大陆出现的封建社会主义、资产阶级社会主义和小资产阶级的"真正的社会主义"等。马克思、恩格斯认为，在当时的社会条件下，"社会主义意味着资产阶级的运动，共产主义则意味着工人的运动"①。因此，为了与这些所谓的"社会主义"派别相区别，马克思、恩格斯不用"科学社会主义"来表达自己的立场，而将自己的理论称为"共产主义"。直到 19 世纪 50 年代，曾经在欧洲盛行一时的种种非科学的社会主义学说逐渐衰落。马克思、恩格斯当时为了区别于空想社会主义，在《1848 年至 1850 年的法兰西阶级斗争》一书中，才使用了"革命的社会主义"一词，并

———————

① 《马克思恩格斯选集》第一卷，244 页。

将它视为"共产主义"的同义语。^①而"科学社会主义"一词则直到 19 世纪 70 年代左右，才在马克思、恩格斯的文章和著作中逐渐被使用并认可。

恩格斯使用"科学社会主义"概念要略早于马克思。恩格斯在《反杜林论》一书中阐述他与马克思创立的学说同圣西门等人的学说之间的区别时，称后者是批判的"空想社会主义者"，而称他与马克思的学说是科学社会主义。后来，马克思为恩格斯的《社会主义从空想到科学的发展》一书法文版写的导言中说，这个小册子摘自《反杜林论》的最重要部分，"这一部分可以说是科学社会主义的入门"。^②此后，"科学社会主义"一词在马克思著作中便经常出现，马克思和恩格斯也把"社会主义"和"共产主义"混同使用。他们认为，社会主义和共产主义作为学说是同一思想体系；作为社会制度，则属于同一社会形态的不同发展阶段，社会主义是共产主义的初级阶段。

---

① 《马克思恩格斯选集》第一卷，479 页。
② 《马克思恩格斯选集》第十九卷，263 页。

二、科学社会主义的理论要义

（一）科学社会主义的主要内容

科学社会主义的主要内容可以概括为以下几个方面。

1."两个必然"理论

马克思、恩格斯在《共产党宣言》中提出："随着大工业的发展，资产阶级赖以生产和占有产品的基础本身也就从它脚下被挖掉了。它首先产生的是自己的掘墓人。资产阶级的灭亡和无产阶级的胜利是同样不可避免的。"这是马克思主义的一条基本原理，即"两个必然"——资本主义必然灭亡，社会主义必然胜利，是《共产党宣言》的基本观点之一。

"两个必然"理论是科学社会主义的核心理论，是马克思、恩格斯对于社会发展规律的总的论断，是整个科学社会主义理论的逻辑起点。早在资本主义社会处于上升发展阶段时，马克思、恩格斯就以惊人的气魄和敏锐的洞察力依据人类社会基本矛盾以及阶级斗争的基本规律，提出了"两个必然"的科学论断，即资本主义必然灭亡，社会主义必然胜利。"两个必然"理论阐明了生产社会性和生产资料资本主义私人占有形式之间的矛盾的发展，必然导致社会主义取代资本主义，以生产资料的公有制取代生产资料的私有制，科学地论述了资本主义必然灭亡、社会主义必然胜利的客观规律。

"两个必然"的论断并非空谈，是马克思、恩格斯在科学的理论依据的基础上充分加以论证得出的必然结论。理论依据之一是人类社会的基本矛盾，特别是资本主义社会的基本矛盾。马克思主义认为，人类社会存在两类基本矛盾：生产力与生产关系的矛盾以及经济基础和上层建筑的矛盾。社会的发展特别是新旧社会形态的更替正是社会基本矛盾运动的结果。在资本主义社会中也存在这样的社会矛盾。在资本主义社会中，主要体现为生产社会化和生产资料私人占有制之间的矛盾。这一基本矛盾导致了资本主义经济危机的周期性爆发，不断破坏着资本主义存在的基础，并且这种破坏力是不可避免的，只要资本主义社会的基本矛盾继续存在，周期性的经济危机就必然会持续下去，直至资本主义制度灭亡。"两个必然"的理论依据之二是资本主义社会阶级矛盾的运动。资本主义在发展中也为其自身制度的灭亡培育了掘墓人——无产阶级。人类社会的前进和更替离不开人的主观参与，资本主义社会中资产阶级剥削和压榨的对象——无产阶级正在逐步的成熟和壮大，形成与资产阶级对立的庞大的阶级阵营，随着阶级矛盾的激化，无产阶级的阶级斗争亦从自发走向自觉，特别是无产阶级政党的成立，使得无产阶级作为一支有领导的阶级力量走上历史的舞台，担负起资本主义社会掘墓人的历史责任，最终取得无产阶级革命的胜利，从而推翻资本主义制度。

在"两个必然"的科学论断的指导下，马克思、恩格斯又进一步提出了无产阶级革命理论以及未来社会发展阶段理论，从而构建了完整的科学社会主义理论体系，因此，"两个必然"理论既是科学社会主义理论的核心内容，也是科学社会主义理论的逻辑起点。"两个必然"无疑是科学、正确的理论论断，然而我们也应当理性的认识到，"两个必然"是人类社会发展的总趋势，是一个渐进的过程，并非一蹴而就。

2．无产阶级革命理论

虽然"两个必然"理论指出资本主义必然灭亡，社会主义必然胜利的历史发展规律，然而社会形态的更替却并非历史自然而然就能够实现的，而是需要人的主观能动性的参与。正如毛泽东同志所言："人民，只有人民才是历史的创造者。"因此，马克思、恩格斯在"两个必然"的理论基础之上，又提出了关于无产阶级革命的理论。马克思、恩格斯认为无产阶级革命是推翻资本主义制度的决定性手段，是现代社会变革的巨大杠杆，无产阶级是作为资产阶级的掘墓人出现的。即无产阶级通过无产阶级革命方能实现"两个必然"理论所指出的社会发展规律。这就是马克思主义的无产阶级革命理论。

首先，完成无产阶级革命，取得国家政权的阶级必然是无产阶级，这是无产阶级的历史使命。19世纪40年代马克思恩格斯亲自参加工人运动，进行调查研究，在斗争实践中发现了无产阶级的革命性，在这个基础上建立了无产阶级历史使命学说。1848年，马克思恩格斯在《共产党宣言》中对无产阶级历史使命作了完整地系统地阐述，分析了无产阶级的产生、发展及其特点。无产阶级革命使命的提出，一方面由于无产阶级具有其他阶级不具有的革命性。无产阶级在资本主义发展过程中，不但人数在不断增多，而且它的力量及其反抗情绪也在不断增长。《共产党宣言》还运用对比的方法将无产阶级与资本主义社会中的其他阶级进行比较，指出那些站在资产阶级和无产阶级中间的小工业家、小商人和农民，都具有摇摆不定的二重性，因此他们不能将革命进行到底，只有无产阶级才能担负起推翻资本主义，消灭阶级的历史使命。另一方面是因为，随着资本主义社会不断地发展壮大，必然伴随产生庞大的无产阶级，这种伴生关系使得无产阶级在资本主义社会中不断发展壮大，直到其成为一支独立的阶级革命力量。然而在资本主义社会中的其他阶级，却由于资产阶级的壮大而受到排挤而不断萎缩，因此不具有成为独立革命力量的可能性。正如《共产党宣言》中所指出的：资产阶级不仅锻造了置自身于死地的武器；它还产生了将要运用这种武器的人——现代的工人，即无产者。① 因此，由无产阶级作为推翻资产阶级政权，实现社会主义是历史的必然选择。

其次，无产阶级取得政权的主要途径是无产阶级革命，即武装斗争。无产阶级要完成自己担负的历史使命，必须进行反对资产阶级的阶级斗争。资本主义必然灭亡，社会主义必然胜利，这是社会发展的客观规律。但是，社会历史规律的实现与自然规律不同，自然规律是自发地起作用，而社会历史规律则必须通过人的主观能动作用即自觉地参与才能实现。无产阶级正是实现由社会主义代替资本主义这一客观规律的社会力量。无

---

① 《马克思恩格斯选集》（第一卷），人民出版社 1972 年版，第 257 页。

产阶级的社会经济地位使其能够清醒地认识历史发展的客观规律并为之实现而奋斗，而资产阶级则既不承认这一客观规律，也不肯自动退出历史舞台，他们必然要竭力维护自己的统治地位，抗拒历史潮流。所以，阶级斗争是注定不可避免的。1879年，马克思恩格斯指出："根据我们的全部经历，摆在我们面前的只有一条路。将近四十年来，我们都非常重视阶级斗争，认为它是历史的直接动力，特别是重视资产阶级和无产阶级之间的阶级斗争，认为它是现代社会变革的巨大杠杆；所以我们决不能和那些想把这个阶级斗争从运动中购销的人们一道走。"[1] 当然，马克思恩格斯虽然指出阶级斗争的重要性，但却不排除在某些特定情况下以和平方式和手段取得政权的可能性。究竟是采取和平方式还是暴力手段取得政权，主要取决于反革命阶级的抵抗态度和其是否也采取暴力的手段。

---

① 《马克思恩格斯选集》（第三卷），北京：人民出版社，1972年，第374页。

3. 未来社会发展阶段理论

在"两个必然"和"无产阶级革命"两个理论之上，马克思恩格斯又对未来社会发展进行了准确的判断，形成了科学社会主义中关于未来社会发展阶段的理论。1875年4月至5月，马克思为了批判拉萨尔机会主义路线，指导德国工人运动健康发展而写下了《哥达纲领批判》这部伟大的著作。在这部著作中，马克思深刻地论述了过渡时期和共产主义社会发展两个阶段的原理。马克思指出："在资本主义社会和共产主义社会之间，有一个从前者变为后者的革命转变时期。同这个时期相适应的也有一个政治上的过渡时期。"在此，马克思恩格斯不仅详细地阐述了过渡时期的存在原因、基本特征、实现方式等问题，还具体地指出了实现共产主义社会的两个阶段，这就是科学社会主义关于未来社会发展阶段的理论。

夺取政权需要通过激烈的暴力手段，而夺取政权后要实现共产主义的远大愿景则需要循序渐进，这既符合事物发展的客观规律，也是历史发展的必然规律，由资本主义社会直接进入共产主义社会是不现实的，在当时的社会条件下，并不具备共产主义社会所需要的物质基础。因此，马克思恩格斯指出："我们这里所说的是这样的共产主义社会，它不是在它自身基础上已经发展了的，恰好相反，是刚刚从资本主义社会中产生出来的，因此它在各方面，在经济、道德和精神方面都还带着它脱胎出来的那个旧社会的痕迹。"[①]"正像不能一下子就把现有的生产力扩大到为建立公有经济所必要的程度一样，即将来临的无产阶级革命，只能逐步的改造现实社会，并且只有在废除私有制所必需的大量生产资料创造出来之后才能废除私有制。"[②] 所以，马克思恩格斯所指出的存在于资本主义社会和共产主义社会中间的过渡时期的主要任务即是努力提高和发展社会生产力，实现并建立共产主义需要的物质条件。

共产主义社会发展的两个阶段，分别是指共产主义的初级阶段和高级阶段。马克思在《哥达纲领批判》一文中，把共产主义社会的实现过程分成两个阶段：第一阶段是共产主义的初级阶段，

---

① 《马克思恩格斯选集》（第三卷），北京：人民出版社，1972年，第10页。

② 《马克思恩格斯选集》（第一卷），北京：人民出版社，1972年，第219页。

这个阶段的共产主义"不是在它自身基础上已经发展了的，恰恰相反，是刚刚从资本主义社会中产生出来的，因此它在各方面，在经济、道德和精神方面都带着它脱胎出来的那个旧社会的痕迹"。第二阶段就是"共产主义社会的高级阶段"，只有到了这个阶段，人们"才能完全超出资产阶级的狭隘眼界，社会才能在自己的旗帜上写上：各尽所能，按需分配！"[①] 列宁认为，马克思称之为共产主义社会的第一阶段或低级阶段，实际上就是社会主义社会。

"两个必然"论断、无产阶级革命理论以及未来社会发展阶段理论构成了马克思、恩格斯整个科学社会主义理论的主要内容。这三个方面的内容，从社会形态更替发展的总趋势、社会变革的主要阶级力量和实现途径，以及实现共产主义的步骤路径等全方位的描绘了未来社会发展的蓝图，对于马克思主义者践行马克思主义理论、实现共产主义社会的远大理想指明了方法和道路，具有重要的理论和实践意义。

---

① 《马克思恩格斯选集》（第三卷），北京：人民出版社，1972 年，第 5—25 页。

（二）科学社会主义的基本特征

第一，科学社会主义是一门综合性的理论科学。科学社会主义不单单研究经济、研究政治或研究文化等某一方面的内容，也不仅限于研究社会发展的客观规律抑或是无产阶级及其政党的革命理论，而是从政治的高度，把社会经济、社会政治、社会文化，以及工人阶级解放运动的客观方面与主观方面、国际条件与国内条件综合起来进行系统研究，从中探索社会发展的一般规律。科学社会主义所涉及的基本理论问题之间，相互关联、相互支撑。因此，对于科学社会主义的学习，要从整体上进行把握，不能简单地进行割裂的理解。

第二，科学社会主义是一门行动科学。科学社会主义自产生之初，便从来不是书本中的理论，而是指导无产阶级革命夺取政权并最终实现共产主义的行动科学。恩格斯在谈到科学社会主义特点时，说它是"活的行动理论"。马克思主义作为完整的世界观，其哲学、政治经济学、科学社会主义都是指导社会主义实践的理论。回顾科学社会主义的历史实践，无论是欧洲早期的工人运动，抑或是今天中国特色社会主义伟大实践，都是在科学社会主义理论指引下进行并取得巨大成功的。因此，科学社会主义绝不仅仅是丰富、完整、科学的理论体系，而且是一门具有强大的指导实践的作用和行动的科学。

第三，科学社会主义是一门发展的学科。科学社会主义从来不是封闭、僵化的理论体系，其强大的生命力正是来源于它对于不同历史时期的时代问题的正确回答，能够理论与实践相结合，不断发现、分析、回答社会主义实践中出现的新情况、新问题。这是科学社会主义能够不断丰富和发展的源泉，是科学社会主义能够永葆革命青春的根本保证。邓小平同志曾指出："马克思主义要发展，社会主义理论要发展，要随着人类社会实践的发展和科学的发展而向前发展"。① 自从俄国十月革命给我国带来了马克思主义后，经历了几代马克思主义革命家、思想家的努力，不断将

① 《邓小平文选》第三卷，42页。

马克思主义一般原理与中国实践相结合，先后产生了毛泽东思想、邓小平理论、"三个代表"重要思想、科学发展观等马克思主义中国化理论成果，都是对于科学社会主义理论的丰富和发展，证明了科学社会主义是一门发展的学科。

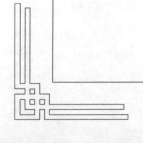

三、学习科学社会主义的意义

（一）学习和研究科学社会的重要意义

科学社会主义是关于实现共产主义和全人类解放的科学理论，对无产阶级革命以及社会主义国家的发展实践具有直接的指导作用。当前世界社会主义运动在曲折中发展，挑战与机遇并存，苏联解体的例子告诫我们，要实现共产主义绝非易事，要时刻保持警惕性，要不断地学习共产主义的科学理论，用科学的理论来指导中国特色社会主义的伟大实践。因此，学习科学社会主义，不仅具有理论意义，而且具有重要的实践意义。

第一，学习和研究科学社会主义有助于我们准确、完整地掌握马克思主义理论体系并正确的指导实践。社会主义国家的发展需要科学理论的指引，而理论认同的前提是对于该理论全面、正确的学习和理解。科学社会主义是马克思主义理论的一个重要的、不可缺少的组成部分，它同马克思主义哲学、政治经济学一起组成完整的、严密的理论体系。因此，只有认真学习和研究科学社会主义，才能全面掌握马克思主义理论，避免出现片面的解读。如果用片面的理解去指导实践，势必会造成难以弥补的错误。在社会主义建设中，许多国家遭遇了挫折，遇到了困难，这同长期缺乏对科学社会主义的研究、没有完整准确地掌握马克思主义、对社会主义的发展规律缺乏正确认识有直接关系。苏联解体、东欧剧变都是我们的前车之鉴。实践证明，只有在学习和研究马克思主义哲学、政治经济学的同时，加强对科学社会主义的学习和研究，才能全面系统地、完整准确地掌握马克思主义的科学思想体系，充分发挥科学理论的指导作用，使马克思主义真正成为无产阶级革命和社会主义建设的强大思想武器。

第二，学习和研究科学社会主义有助于我们明确并深刻理解实现共产主义的奋斗目标，增强社会凝聚力和向心力。科学社会主义理论论述了人类社会发展的一般规律，为无产阶级武装夺取政权以及实现共产主义指明了方向和途径，是社会主义国家和共产党的指导思想，是无产阶级和全人类解放的科学理论。只有深刻学习和研究科学社会主义，才能明确共产主义的奋斗目标，并相信共产主义一定会实现。现代社会的显著特征是文化、价值观的相互撞击和融合，特别是我国改革开放之后，西方的各种思潮良莠不齐，不断的冲击着刚刚成长起来的青年一代。如果不认真学习科学社会主义的理论，用科学的思想武装自己，明确人类社会发展的必然规律，相信共产主义一定能够实现，就会很容易受到资产阶级文化和价值观的影响，迷失自己的努力方向，进而动摇国家发展的根基。因此，认真学习和研究科学社会主义有助于青年一代明确并深刻理解实现共产主义的奋斗目标，增强社会的凝聚力和向心力，为共产主义伟大事业的发展奠定坚固的社会基础并提供源源不断的动力。

第三，学习和研究科学社会主义有助于我们加深对社会主义的理解认识，避免在改革与发展的进程中犯错误、走弯路。科学社会主义的产生、发展、成熟经过了漫长的历史过程，经历了实践的检验和考验，也在实践中遭遇了挫折和反复，是成熟而科学的指引社会发展的理论。认真的学习科学社会主义理论，能够理性的认识社会发展的规律，总结历史发展的经验教训，明确我们国家所处的特殊历史时期，才能将马克思主义的理论与我国实践相结合，用正确的理论和丰富的实践经验指导我国社会主义伟大实践，避免出现不必要的错误，重蹈历史的覆辙，早日实现中华民族的伟大复兴，实现全中国人民的"中国梦"。

（二）如何学习和研究科学社会主义

第一，要用系统的学习方法来掌握科学社会主义理论。与任何一门科学一样，马克思主义学说不可能在人脑中自发产生的，在一定程度上需要灌输，需要通过刻苦地钻研才能入门。这就要求我们在学习过程中，要注意从总体上和科学体系上领会和掌握这一理论的基本内容、基本观点和基本精神。马克思列宁主义、毛泽东思想、邓小平理论、"三个代表"重要思想和科学发展观是一脉相承的统一的科学体系。在当代中国坚持邓小平理论、"三个代表"重要思想和科学发展观，就是真正坚持和发展马克思列宁主义、毛泽东思想。以中国问题为中心，以当代现实为依据，以实践为检验真理的唯一标准，来认真学习科学社会主义理论与实践这门学科，并以实际行动坚持和发展马克思主义，不断提高自身的马克思主义理论素养。

第二，要坚持理论联系实际的学习方法。理论与实际相结合，是马克思主义的一个基本原则，也是学习和研究科学社会主义理论与实践最重要最基本的方法。坚持理论联系实际的学习方法，有两个方面的要求：一方面要刻苦攻读马克思主义经典著作、力求完整准确地掌握科学社会主义的基本原理，掌握马克思主义的立场、观点和方法，同时要结合学习党的路线、方针和政策。另一方面要认真研究实际，包括历史的和现实的、国际的和国内的，重点放在对现实问题的研究。

特别是当今科学社会主义理论与实践遇到许多新问题、新情况和新的挑战，需要我们把理论与实际结合起来，有的放矢，力求解决和回答社会主义实践中出现的新情况与新问题。

第三，要发扬大胆探索、勇于创新、与时俱进的精神。科学研究的意义在于有所发现，有所发明，有所创造，有所前进。邓小平说：没有探索，没有创新，没有不同试验的比较和不同意见的讨论，我们的事业就没有生气。科学社会主义是在实践中不断发展的。随着各国社会主义的实践，科学社会主义理论一定会不断增添新的内容，社会主义建设一定会呈现出多种模式。只有这样才能体现马克思主义的开放性和生命力。因此，在我们学习和研究科学社会主义的过程中，要避免再犯本本主义、教条主义的错误。必须解放思想，大胆探索，独立思考，求实创新，力求为科学社会主义的发展做出贡献。此外，在理论创新中还要注意把马克思主义理论的继承与创新辩证地统一起来。继承是创新的前提，创新是最好的继承。只有坚持这样做，理论才能真正顺应时代和实践的呼唤，体现与时俱进的要求。

马克思主义是在实践中不断发展的科学，世

界无产阶级解放运动的发展，当代社会主义的实践，为研究科学社会主义提出了新的课题。努力发扬马克思主义的科学精神和创造活力，坚持马克思主义，发展马克思主义，开拓新的视野，发展新的观念，进入新的境界，把无产阶级解放运动和我国的社会主义现代化建设推向前进，是当代马克思主义者的历史任务。

四、科学社会主义的产生

（一）科学社会主义的理论基础
——空想社会主义

　　欧洲三大空想社会主义学说是科学社会主义理论的直接思想来源。三大空想社会主义的杰出代表是法国的圣西门、傅立叶和英国的欧文。由于这三大空想社会主义者生活在欧洲主要资本主义国家的产业革命时期，因而他们的学说继承了自 16 世纪以来的空想社会主义的优秀成果，吸取了18世纪启蒙学派的某些思想形式和唯物主义的积极因素，在19世纪初自然科学蓬勃发展的影响下，把空想社会主义推进到鼎盛时期和最高阶段，成为科学社会主义产生之前水平最高的空想社会主义。

1. 空想社会主义产生的时代背景

一般认为，英国政治思想家托马斯·莫尔在1516年发表的空想社会主义巨著《乌托邦》标志着空想社会主义思想的诞生。莫尔的空想社会主义思想是那个时代欧洲社会发生重大历史变迁的产物，是伴随着资本主义的发展和无产阶级的产生而产生的。

早在13世纪末14世纪初，欧洲就产生资本主义生产关系的萌芽。到15世纪末16世纪初，资本主义开始冲破封建关系的束缚而突飞猛进地成长起来。在这一时期，欧洲社会不仅面临新兴资产阶级与封建主义的矛盾，而且也出现了资本主义所特有的新的社会对抗的萌芽——早期无产者与资产者之间的矛盾。由于资本原始积累采取赤裸裸的暴力方式，造成大量的早期无产者，他们不仅遭受到当时封建主义的残酷压榨，而且还受到新兴资产阶级化了的贵族和资产者的剥削，于是代表早期无产者利益和愿望的思想学说便应运而生了。那时的空想社会主义者仅仅是凭借着想象勾勒出了社会主义制度的模糊的轮廓。

资本主义社会发展到了18世纪后期，英国的工业革命带来的是生产方式日新月异的革新和进步，传统上以手工业为主的生产方式被机器化大生产所代替，创造出了巨大的社会物质财富，为资本主义的发展奠定了丰厚的物质基础。同时，工业革命也深刻地改变了资本主义国家的社会结构，产生了现代资本主义社会两大阶级——资产阶级和无产阶级，无产阶级反对资产阶级的斗争导致了社会主义运动的兴起。无产阶级力量的壮大和阶级矛盾的激化和升级，使得空想社会主义得以进一步发展，不仅仅停留在简单的对于理想社会制度的描述，而且已经产生了具有直接共产主义思想的理论。

进入19世纪，空想社会主义发展到一个巅峰时期，这一时期的空想社会主义学者在理论上提出了经济状况是政治制度的基础，并且开始对资本主义制度进行强烈的批判，对社会产生了巨大的影响。

空想社会主义者虽然提出了不同的学说，但是具有共同的基本特征：以公有制代替私有制，没有阶级因而没有剥削与压迫，人人参加劳动，生产实行计划管理，人人有充分的自由时间，人人自由平等享受生活，教育普及，妇女解放，三大差别在消失，国家逐渐消亡等。

空想社会主义思想的产生决不是偶然的，它是资本主义生产关系以充满血暴力的原始积累方式迅速发展的产物，是同现代无产阶级先驱对资本主义剥削和压迫的自发反抗相适应的理论表现，反映了早期无产者和广大劳动群众的利益和愿望，是当时英国和欧洲社会历史发展的必然选择。

2. 空想社会主义发展的不同历史阶段

空想社会主义理论在其存在的三百多年间，大致经历了三个阶段。第一阶段：16～17 世纪为早期空想社会主义发展阶段。这一发展阶段的主要代表人物有英国的托马斯·莫尔、德国的闵采尔和意大利的康帕内拉等。他们主要以虚幻的文学游记的形式揭露资本主义原始积累的罪恶，提出废除私有制，实行产品公平分配，建立一个政治清明、社会平等、民众乐业、道德崇高的美好社会愿望。恩格斯称他们的主张表现出"共产主义思想的微光"。

第二阶段：18世纪空想社会主义发展到了平均共产主义的阶段，主要代表人物有法国的摩莱里、马布利和巴贝夫等。这一时期的资本主义的发展处于由家庭手工业发展到工场手工业阶段，无产者反抗资产者的自发斗争初步展开，无产者的意识有了一定的发展。这一时期的空想社会主义者提出了人民革命和人民专政的卓越思想，制定了逐步消灭私有制、实现公有制的过渡性措施和建立共产主义国民公社的方案。虽然他们的思想带有浓厚的平均主义和禁欲主义色彩，是"苦修苦练的，禁绝一切生活享受的，斯巴达式的共产主义"，恩格斯仍然称这一时期的空想社会主义是"已经有了直接共产主义的理论"①。

第三阶段：19世纪的批判的空想社会主义和共产主义阶段。主要的代表人物有法国的圣西门、傅立叶和英国的欧文等。此时资本主义发展到了大工业阶段，社会化大生产与资本主义生产方式

———

① 《马克思恩格斯选集》（第三卷），人民出版社，1995年版，第721页。

的矛盾日益暴露和扩展，空想社会主义也发展到前所未有的水平。这一时期的空想社会主义者，不仅继承了以往空想社会主义者的思想成果，而且还吸收了18世纪法国启蒙学者的理论形式，恩格斯称其为"第一批社会主义者"，称其学说为"批判的空想社会主义和共产主义"。① 这一时期主要思想主要有：

（1）法国圣西门的主要思想。圣西门的思想主要包括唯物主义的自然观和唯心主义的历史观，以及他关于未来理想社会的设想，即实业制度。第一，圣西门认为，人类历史是一个有规律的、上升发展的过程，最终发展至人类的黄金时代。他认为现实社会中存在着两种社会因素：正在消逝的过去的残余和正在成长的未来的萌芽。圣西门实际上体察到了人类社会的基本矛盾。第二，圣西门说明了经济关系是整个社会的基础，并指出了经济关系的变更是社会阶级关系和政治状况发生变化的根本原因。第三，圣西门还意识到了无产阶级已经成为了一支独立的政治力量，指出

---

① 《马克思恩格斯选集》（第一卷），人民出版社，1995年版，第302页。

法国革命不仅是贵族和市民等级之间的斗争，而且是贵族、市民等级和无财产者之间的阶级斗争。第四，圣西门尖锐批判了资本主义的意识形态，指出：资本主义社会是利己主义占着支配地位的社会，而利己主义给人类带来了灾难性后果。实业制度是圣西门所设想的人类最美好的社会制度，就是他所向往的自由、平等和幸福的黄金时代。

（2）傅立叶的主要思想。傅立叶自命是第一个发现了人类理性，从而使"三千年来的幻想和愚蠢化为乌有"的天才。第一，傅立叶辛辣地嘲讽、淋漓尽致地揭露和批判了资本主义社会的种种罪恶。他认为，资本主义在人类历史进步中起过重要作用，但资本主义制度创造了大量的财富，却没有给人类创造幸福。它深刻地指出："在文明制度下，贫困是由富裕产生的。"他怒斥文明制度"是恢复了的奴隶制度"。第二，傅立叶深刻地认识到资本主义制度创造了大规模的生产，又存在分散经营，造成了生产的无政府状态和生产之间的竞争，使所谓的文明制度在恶性循环中运行，为自己制造了无法克服的矛盾。1825 年英国爆发了第一次全国性经济危机后，傅立叶第一个指出，这是"生产过剩所引起的危机"。对此，恩格斯高度评价说，这一论断"中肯地说明了一切危机的实质"。他还认为资本主义竞争必然走向其反面，产生垄断。马克思说这一预言是傅立叶的不朽的功绩。傅立叶揭露说资产阶级宪法中规定的所谓人权都是对人民的欺骗，资产阶级法律同样是虚伪的东西。第三，傅立叶的和谐社会构想。和谐社会的基层单位叫法郎吉，它是包括工业、商业、家务、教育、科学、艺术等劳动在内的综合性的生产和消费协作组织。在法郎吉中，农业是最诱人的生产，工业生产不能超过全部生产时间的四分之一，以免破坏引力的平衡。显然他对大工业的发展还没有认识，但隐隐约约含有保持生态平衡的思想。傅立叶的和谐社会是产品极为丰富、人们收入大幅度增加的社会。在傅立叶的和谐社会中，人们从小就接受良好的教育，是全面发展的人。第四，傅立叶论述了劳动和享受的同一性。他认为，在资本主义制度中，人在物质和精神方面的情欲都受到了压抑，因而劳动成了痛苦的事情，而在和谐社会中，人的各种情欲都得到了充分的满足，劳动使每个人天生的爱好，是一种享受。

（3）欧文的主要思想。欧文管理着一家拥有两千多工人的大纱厂，他发现纽拉纳克棉纱厂

2500 人给社会生产的实际财富，在不到半个世纪以前还需要 60 万人才能生产出来，因此他问："这 2500 人所消费的财富和以前 60 万人所应消费的财富之间的差额到哪里去了呢？"答案是：落到资本家手里了。欧文通过简单的计算，提出了资本家榨取工人剩余价值的问题。欧文主张建立由劳动者组成和管理的公社，在那里，生产资料私有制度将被废除，资本家和工人、生产者和消费者之间的界限不复存在。1825 年欧文在美国印第安纳州新哈姆尼地方，买下三万英亩土地，建设"共产主义公社"，接着他又在纽约州、俄亥俄州和印第安纳州其他地方建立了十八个公社，开始他的社会主义试验。

马克思、恩格斯给予了这三位空想社会主义者较高的评价，说科学社会主义是依靠圣西门、傅立叶和欧文这三位思想家而确立起来的。他们天才地预示了我们现在已经科学地证明了其正确性的无数真理，并称他们为"第一批社会主义者"或"社会主义创始人"。

3. 空想社会主义的历史意义和局限

空想社会主义的这些积极成果是人类优秀文

化的重要组成部分，是科学社会主义的重要思想来源。列宁指出，空想社会主义在世界历史上是正确的，因为它是由资本主义产生的那个阶级的象征、表现和先声。各个空想的学说体系，特别是 19 世纪初期的空想学说体系，都抨击了现存社会的全部基础，从而提供了启发工人觉悟和对科学地研究资本主义制度具有极为宝贵的思想价值。当然，三大空想家的理论仍然是建立在唯心主义的理性论基础上的不成熟的理论。这种"不成熟的理论，是同不成熟的资本主义生产状况、不成熟的阶级状况相适应的。当时大工业在英国刚刚产生，在法国还几乎没有，因此，资本主义生产方式还只是表现出他的种种弊端，而没有明显的暴露出它内在的基本矛盾，因而人们还难以考察并揭示其发展规律。

4. 空想社会主义和科学社会主义的关系

（1）空想社会主义是科学社会主义产生的直接思想来源，科学社会主义是对空想社会主义的继承和发展。空想社会主义和科学社会主义都对资本主义进行了深刻揭露和批判，都表达了自己对于资本主义社会现状的不满。一方面，空想社会主义学者不仅批判了资本主义的经济制度和政治制度，而且对资产阶级在物质和道德上的贫瘠也进行了揭露，这和科学社会主义的主张是相一致的，马克思、恩格斯在《资本论》《共产党宣言》中深刻地剖析了资本主义社会的本质，并对其进行了批判。正如马克思所说：资本主义的发展从头到脚都是用鲜血和血泪发展起来的，它是在对人民残酷的剥削和压迫基础上建立起来的；另一方面，科学社会主义来源于空想社会主义。空想社会主义作为人类进步史上的优秀成果，为科学社会主义提供了理论基础，科学社会主义继承和发展了空想社会主义的理论内容，如两者都提出废除私有制实行公有制、关于劳动光荣和劳动改造的思想、关于社会发展规律性的思想、关于有计划地组织社会生产的思想、关于人的全面发展以及用新型分工代替旧式分工的思想。虽然空想社会主义的大部分的观点都具有空想的性质，但是他们提出的观点和理论已经被证实具有真理性，并且为科学社会主义所继承和发展，这体现了两者的内在联系性。

（2）空想社会主义不是科学社会主义，科学社会主义是体系完整的科学的理论，是被实践证明了的正确的理论，虽然科学社会主义的思想来源于空想社会主义，与空想社会主义有着本质区别。首先，对待无产阶级的历史作用和态度不同。空想社会主义者没有认识到无产阶级的力量，因而始终没能找到改造现实社会的阶级力量。所以只能在资本主义社会内部寻求实现共产主义的理想，不敢对资本主义社会进行彻底的否定，更不敢去发动广大的无产阶级去推翻资本主义政权。而科学社会主义是则充分恳定了无产阶级的主力军地位，认为他们是实现社会变革的中坚力量，是社会形态变革的主要动力。其次，实现理想社会的历史途径不同。比如英国的欧文建立了所谓的共产主义社区，希望通过渐进式的资本主义内部变革，进入到共产主义社会，其结果只能是徒劳无功的幻想。而科学社会主义意识到资本主义绝不会轻易放弃自己在经济和政治上的利益，反而会对日渐壮大的无产阶级进行疯狂的打压，所以无产阶级只可能通过暴力手段推翻资本主义的统治，打破旧的不合理的社会秩序才能实现无产阶级的革命理想，建立起无产阶级专政的社会主义国家，最终实现共产主义社会。第三、建立的理论基础不同。空想社会主义对未来社会的设想，包含着趋向历史唯物主义的合理因素和许多精辟的思想及论证，但其在历史观上却主要是唯心主义的思想，否认历史发展的必然性、崇拜幸运的偶然性，宣扬天才论和英雄史观。此外空想社会主义还有许多消极的成分：例如保留奴隶与奴隶劳动、殖民地、宗教神秘主义因素、劳动偏见、政治极端主义等。而科学社会主义建立在彻底的唯物主义基础之上，有了科学的理论作为指导，能够适应社会发展和人类历史发展的规律。

（二）科学社会主义的实践基础
——资本主义社会的发展

1. 资本主义大工业的出现推动生产力的发展

19 世纪上半叶，资本主义的发展进入了一个重要的历史转折时期。1765 年英国仪器修理工瓦特发明了蒸汽机，1776 年第一台蒸汽机投入使用，从而引发了以蒸汽机为主要标志的产业革命，推动了资本主义大工业的发展。以英国为例，到

19 世纪三四十年代产业革命完成时，机器生产在工业主要部门取代了手工劳动。机器的采用，使生产力获得迅速发展，当时的英国制造着全世界所需要的各种工业产品，号称为"世界工厂"。此后法国、德国以及欧洲其他国家，也都相继开始了产业革命。到了 19 世纪 30～40 年代，西欧几个主要资本主义国家已经从工场手工业阶段过渡到机器大工业阶段，社会生产力水平得到了大幅提高。同时工业革命引起了生产关系的巨大变化，出现了处于统治地位的资产阶级和处于被雇佣和被统治地位的无产阶级。

2. 生产社会化与资本主义私人占有制成为主要社会矛盾

产业革命确立了以机器为主体的工厂制度，实现了资本主义工业化。工业制度的建立，引起了生产规模的扩大和社会分工的进一步发展。一方面使资本主义生产越来越社会化了；另一方面，生产资料却愈来愈集中在少数资本家手中。雇佣劳动制度逐渐确立起来了，形成了两个彻底分裂对立的阶级——无产阶级和资产阶级。随着资本主义进一步发展，资本主义社会的基本矛盾，即生产社会化和生产资料资本主义私人占有制之间的矛盾日益明显地暴露出来。其表现就是生产相对过剩的经济危机。从 1825 年开始，连续爆发了三次大规模的经济危机，从英国开始，后波及美国，最后席卷整个欧洲和美国，形成世界性的经济危机。危机使社会生产力遭到极大的破坏，产品滞销，银行歇业，工厂倒闭，失业增多，给无产阶级和劳动人民带来深重的灾难，经济危机表明，资本主义生产关系开始由促进生产力的发展转向阻碍生产力的发展。

（三）无产阶级力量壮大，
社会阶级矛盾日益激化

资本主义在自身发展的同时，也伴随着产生了他自己的掘墓人——无产阶级。资本主义生产力和生产关系矛盾的激化，表现在阶级关系上，就是无产阶级和资产阶级的斗争发展为公开的对抗。到 19 世纪 30～40 年代，西欧的工人运动已从产业革命初期破坏机器的自发斗争，发展到有组织的、大规模的政治罢工和武装起义。其中最著名的是：1831 年和 1834 年法国里昂工人起义，1836 年至 1848 年英国工人掀起的宪章运动，1844 年 6 月德国西里西亚纺织工人起义。工人们明确提出争取民主共和国，维护无产阶级利益，争取参与国家管理的权利，反对私有制，反对资本主义剥削的要求。虽然这些革命运动都失败了，但却开辟了无产阶级反对资产阶级斗争的新纪元。事实表明，无产阶级已经不是作为资产阶级的附庸，而是作为一支独立的政治力量登上了历史舞台。同时，三大工人运动的失败又表明，无产阶级要取得解放的目的，必须有革命的科学的理论指导、需要科学理论的武装。科学社会主义的产生成为历史的定势。

（四）马克思、恩格斯的科学社会主义理论的创立

19 世纪 40 年代欧洲社会经济、政治、思想文化状况为科学社会主义的产生提供了土壤和空

间。由于当时的工人运动还没有科学社会主义理论作指导，而是受当时流行的各种社会主义学说和空想社会主义的影响，无产阶级对自己的历史使命、斗争目标和斗争策略还缺乏科学的认识，因此，反对资产阶级的斗争一次又一次遭到失败。这种情况表明，必须有一种科学的革命理论来取代其他一切的社会主义理论，以引导工人运动走向正确的道路。马克思、恩格斯就是这个历史任务的实践者。他们深入社会，积极投身工人运动，在继承人类优秀科学思想文化成果的基础上，创立了科学社会主义理论。

马克思、恩格斯在社会实践中发现了科学社会主义的两大理论基石——唯物史观和剩余价值学说。马克思、恩格斯在青年学生时代，政治上是激进的革命民主主义者，世界观上是唯心主义者，属于资产阶级知识分子之列。他们几乎在相同的时间内各自通过艰苦的探索，在阶级斗争和科学研究的革命实践中，完成了从唯心主义者到唯物主义者、从革命民主主义者到共产主义者、从资产阶级知识分子到无产阶级知识分子的转变，站到了无产阶级的立场上，完成了从革命民主主义者到共产主义者、从唯心主义者到唯物主义者的"两个"转变。1844 年 8 月，马克思、恩格斯结成终身不渝的革命战友，开始合作创立共产主义理论体系的伟大事业。从 1844 年 9 月开始，他们先后合写了《神圣家族》《德意志意识形态》。马克思单独撰写了《关于费尔巴哈的提纲》《哲学的贫困》《雇佣劳动与资本》，恩格斯独立完成了《英国工人阶级状况》《共产主义原理》等著作。通过这些著作，马克思和恩格斯创立了辩证唯物主义，特别是系统地阐述了历史唯物主义的原理，创立了剩余价值理论，从而使指导社会主义实践的理论——科学社会主义的产生有了坚定的理论基础。马克思、恩格斯第一次把唯物论同辩证法结合起来，创立了辩证唯物主义。把辩证唯物主义运用于观察和分析人类社会历史，创立了唯物史观。他们运用唯物史观剖析了资本主义社会，发现了资本家剥削工人的秘密，即剩余价值。恩格斯指出，由于唯物史观和剩余价值理论这两个伟大的发现，社会主义由空想变为科学，这两大发现就是科学社会主义的理论基础。

1. 唯物史观的创立

唯物史观认为，世界是物质的，物质是运动

的，运动是有规律的，人类社会就是物质运动的最高表现形式，它经历着有低级向高级的发展运动。人类社会的政治生活、精神生活归根结底是由物质生活决定的，一切社会变动的最终原因，不应当归结为人们的思想活动，而应当在社会生产方式中去寻找。生产方式是生产力与生产关系的辩证统一。生产力是生产方式中最活跃最革命的因素，生产力的不断发展，要求生产关系与它相适应。当一种新的生产关系确立起来后，与生产力发展基本相适应，那么它能促进生产力的发展；反之，将阻碍生产力的发展。当一种生产关系成为生产力发展桎梏的时候，代表新的生产力要求的新兴阶级就会起来变革生产关系，以适应生产力发展的要求。因此，有什么样的生产力，就有什么样的生产关系。生产关系一定要适合生产力的发展水平和性质，是人类社会发展的基本规律之一。社会主义代替资本主义就是资本主义社会生产力和生产关系矛盾激化的结果，是社会化大生产的客观要求。

唯物史观正确地说明了阶级斗争的历史作用，指明了社会主义胜利的途径。以往的空想社会主义者大多排斥阶级斗争，主张通过和平宣传、示范的办法去实现社会主义，其结果只能是遭到资产阶级的疯狂打击，纷纷以失败告终。马克思、恩格斯运用唯物史观去分析人类社会历史，发现阶级社会的历史是阶级斗争的历史，阶级斗争是阶级社会发展的直接动力。唯物史观告诉我们，物质的东西只有用物质的力量才能摧毁，批判的武器不能代替武器的批判。仅仅痛恨资本主义是不够的，或者企图用一些美妙的前景去感化统治阶级，指望他们发善心，是不现实的。无产阶级只有通过阶级斗争，进行无产阶级革命，才能推翻资本主义，实现社会主义。

唯物史观肯定了人民群众的社会历史地位，指出无产阶级和广大劳动人民是埋葬资本主义、实现社会主义的物质力量。唯物史观认为，物质资料的生产是人类历史的第一个前提，从事物质资料生产的人民群众是历史的创造者。承认人民群众创造历史，就克服了以往的英雄史观。这就告诉我们，实现社会主义，不能指望统治阶级和少数头面人物，而必须依靠广大人民群众，从而找到了实现社会主义的物质力量。

总之，唯物史观的创立，把唯心主义从历史领域这个最后的避难所驱逐出去。唯物史观的发现，使人们真正了解了社会主义为什么要代替资本主义，通过什么途径以及依靠什么力量来实现社会主义这样一些重大问题，驱散了长期以来笼罩在社会主义问题上的种种迷雾与误解。

2. 剩余价值学说

剩余价值学说证明，剩余价值是工人在剩余劳动时间创造出来，并被资本家无偿占有的、超过劳动力价值的价值。在资本主义社会，工人不占有生产资料，只能靠出卖劳动力为生，遭受资本家的残酷剥削和压迫。工人把自己的劳动力当作商品出卖给资本家，在一部分工作时间生产出劳动力的价值（表现为工资），以维持劳动力的再生产；而另一部分工作时间则无偿地为资本家生产出剩余价值，这就是资本家剥削工人的秘密。剩余价值学说科学地说明了资本主义剥削的本质，揭示了工人阶级和劳动人民受苦受难的根源所在。

剩余价值学说揭示了社会主义代替资本主义的历史必然性。马克思认为，一方面资本主义生产的目的在于不断地追求更多的剩余价值，无限的贪欲促使资本家激烈竞争，不断扩大资本积累，盲目扩大再生产，生产财富越来越集中在少数人手中；另一方面，中、小资本家、小农和手工业者纷纷破产，加入无产者队伍，失业人数激增，群众购买力下降。资本主义这种生产无限扩大的趋势和劳动群众有支付能力的需求相对缩小之间的矛盾，必然导致周期性的经济危机，又进一步加剧了资本主义的基本矛盾。解决这一矛盾的唯一办法就是满足社会化大生产的本质要求，即用社会主义生产资料的公有制代替资本主义生产资料的私有制，消灭剥削，消除贫富差别，维护社会公平，以促进生产力的不断发展。

剩余价值学说明确了无产阶级在资本主义制度下的地位和无产阶级解放的途径。这个学说告诉我们，无产阶级是社会财富的创造者，但他们自己却一无所有，只有靠出卖劳动力为生。工人虽然有时可以不受雇于个别资本家，但是他们最终还是要把自己作为劳动力出卖给整个资产阶级，在资本主义制度下工人永远处于受剥削和受压迫的地位。无产阶级不仅是一个受剥削和受压迫最深的阶级，而且是一个最有前途、最大公无私、最富于革命性的阶级。它同现代化大生产相联系，是新的生产力的代表者，有远大前途；它不占有生产资料，具有大公无私的品德；它所处的经济地位决定它最富于革命性和战斗性。无产阶级是资本主义制度的掘墓人和社会主义制度的建设者。无产阶级为了完成自己的革命使命，争取彻底解放，只有联合起来，消灭整个资本主义制度，才能获得自由解放。

唯物史观与剩余价值学说的发现，使得资本主义的灭亡不再是人们的空想，而成为了社会发展的客观规律。埋葬资本主义不再仅仅是个别天才人物的事业，而是全世界无产阶级的伟大历史使命。社会主义不再是理性的发展，而是现实社会生产力与生产关系、无产阶级与资产阶级矛盾运动的必然结果。在唯物史观与剩余价值学说的基础上，马克思和恩格斯最终创立了科学社会主义。

3. 科学社会主义理论的产生

一般认为，1848 年 2 月《共产党宣言》的发表，标志着科学社会主义的诞生。这部著作虽然只有近 2 万字，但其产生的历史意义是无法估量的。它详细的描述了包括社会生活在内的彻底的唯物主义、最全面最深刻的发展学说辩证法以及关于阶级斗争、关于共产主义新社会的创造者无产阶级所担负的世界革命使命的理论。从而成为无产阶级争取解放斗争的完备的理论和学说。它以唯物史观和剩余价值学说为基础，第一次全面系统地阐述了科学社会主义的基本原理。

《共产党宣言》以唯物史观和剩余价值理论为基础，分析阶级和阶级斗争，特别是资本主义社会阶级斗争的产生、发展过程，论证资本主义必然灭亡和社会主义必然胜利的客观规律，作为资本主义掘墓人的无产阶级肩负的世界历史使命。《共产党宣言》公开宣布必须用革命的暴力推翻资产阶级的统治，建立无产阶级的"政治统治"，表述了以无产阶级专政代替资产阶级专政的思想，号召"全世界无产者，联合起来！"《共产党宣言》的问世，标志着世界社会主义运动进入了一个崭新的阶段。一百多年来，全世界无产阶级在《共产党宣言》精神的指引下，取得一个又一个伟大胜利。无产阶级革命的实践证明，《共产党宣言》所阐述的基本原理是完全正确的。

4. 科学社会主义理论的历史意义

科学社会主义理论的创立完成了社会主义从空想到科学的一次历史性飞跃。它把社会主义建立在对社会发展规律的科学认识之上，克服了空想社会主义者从道德和理性原则出发批判资本主义和从头脑中构思未来理想社会的根本性缺陷，对资本主义转变为社会主义的历史必然性进行了科学的论证，从而把社会主义置于现实的基础之上。它揭示了阶级斗争在社会发展中的历史作用，提出只有通过社会革命才能彻底改造旧世界、建立新社会的主张，彻底否定了空想社会主义者期望借助于少数达官贵人的善心和钱袋来实现理想社会的幻想。它科学地分析了无产阶级的历史地位和历史使命，揭示了无产阶级"是有自己的利益和原则、有自己的世界观的独立的阶级，是和一切有产阶级相对立的阶级，同时也是国家力量所系并能推动国家向前发展的阶级"[①]，从而批判了空想社会主义者把无产阶级仅仅看成是一受苦受难的阶级的观念，阐明了无产阶级是资本主义的掘墓人和社会主义、共产主义社会的创造者和建设者的观点。

一百多年来，科学社会主义对人类解放的进

[①] 《马克思恩格斯全集》（第 2 卷），人民出版社，1957 年版，第 529 页。

步事业产生了巨大影响。任何一种学说要成为科学，都必须揭示研究对象的规律性。正是以唯物史观为哲学基础，以剩余价值学说为经济学依据，科学社会主义一经产生，变成了改造旧世界、创造新世界的巨大物质力量。1864年，第一国际诞生，欧洲无产阶级联合在一起；1871年，世界上第一个无产阶级政权——巴黎公社宣告成立；1889年，第二国际诞生，工人运动由欧洲扩展到美洲；1917年，俄国十月革命胜利，世界上出现第一个社会主义国家；第二次世界大战以后，中国等十几个国家走上社会主义道路，社会主义形成一个堪与资本主义世界对垒的强大阵营，由此带动的亚非拉民族解放运动则以排山倒海之势冲决了国际资本主义殖民统治的堤坝。科学社会主义为什么能够如此广泛而深入地掌握群众，如此巨大而深刻地改变了世界历史进程？因为科学社会主义深刻揭示了社会主义代替资本主义的历史必然性及其社会力量和现实道路，它是指引全人类走向自由解放的真正科学。科学社会主义是人类最伟大的理论成果和最宝贵的精神财富。

五、科学社会主义的社会实践

科学社会主义理论的基本特征之一是具有强大的实践性，马克思、恩格斯是在领导无产阶级的工人运动中，以社会实践为客观依据，创立了科学社会主义理论，并不断根据工人运动新的形势发展和当时历史条件，进行理论的修正和补充，使其成为更加科学、完整的社会实践理论，进而指导新的社会实践。因此，科学社会主义是实践性的科学理论，在实践中产生亦在实践中得以完善和发展。理论与实践的互相映照，使得马克思、恩格斯的科学社会主义理论得以具有强大的生命力，创世至今仍然发挥着强大的理论影响力。科学社会主义理论从历史中走来，在其指导下的社会实践，既包括工人运动实践，也包括社会制度的实践。

（一）科学社会主义
指导下的工人运动实践

1. 1848 年欧洲革命

1848～1849 年的欧洲革命是继 17 世纪英国资产阶级革命和 18 世纪末法国资产阶级革命之后的第三次革命大风暴。1848 年欧洲革命是英、法资产阶级革命以后，欧洲经济、政治发展的必然结果，是一次进一步扫清资本主义发展障碍的资产阶级民主革命。客观上讲，这次革命在性质上依然是一次资产阶级民主革命，无产阶级作为一支独立的革命力量参与其中但并非革命的主要生力军。马克思、恩格斯积极投身到欧洲革命中，第一次将其所创立的科学社会主义理论应用到实践中，在欧洲产生了广泛的影响，同时经过革命实践的检验后，二人对科学社会主义的相关理论进行了丰富和完善。

马克思和恩格斯以及他们所倡导的科学社会主义主要是在 1848 年德国革命中发挥了力量。马克思、恩格斯是 1848 年德国革命的积极参加者和组织者，并为德国无产阶级制定了革命纲领，即《共产党在德国的要求》十七条。首次把《共产党宣言》的一般策略原理具体运用到德国革命中。《共产党在德国的要求》指出了德国资产阶级民主革命的任务是推翻封建专制制度，把德国变成一个统一的、不可分割的共和国。为了把资产阶级民主革命进行到底，并转变为社会主义革命，文献还规定了争取普选权、建立人民武装、没收封建地产等一系列政治经济措施，从而为过渡到社会主义革命创造条件。

马克思、恩格斯不仅从理论上指导了德国革命，而且直接参加了德国的革命实践。1848 年 4 月，马克思、恩格斯到达德国莱茵地区，选择工业、文化中心科隆市作为他们革命活动的据点。为了宣传群众、组织群众，贯彻和实现革命纲领，马克思于 6 月创办了《新莱茵报》并担任主编，恩格斯和其他许多著名的共产主义者都参加了编辑的工作。那一时期《新莱茵报》成为革命阵营宣传马克思、恩格斯革命理论的喉舌。

马克思、恩格斯及其所领导的无产阶级工人力量的参与，为丰富和完善科学社会主义理论奠定了坚实的实践基础。通过 1848 年欧洲革命，马克思和恩格斯认识到，运用暴力方式打碎旧的国家机器，建立无产阶级政权，这是无产阶级革命的根本道路，而无产阶级领导的工农联盟是夺取革命胜利的基本阶级力量。这些都成了科学社会主义理论的有益补充和完善。

2．20 世纪 60～90 年代的工人运动

（1）指导"第一国际"的创建和活动

1848 年欧洲革命之后，欧洲资本主义进入到了快速发展的阶段，而资产阶级想要快速发展，则必然需要大量的无产阶级作为其掠夺和压榨剩余劳动的对象，因此这一时期无产阶级数量也在日益壮大。然而资本家们为了掠取财富，肆意的压榨无产阶级的劳动力，使得资产阶级和无产阶级的矛盾不断激化，导致了 20 世纪 60 年代欧洲工人运动的高涨。在此背景下，为了使分散于欧洲各国的无产阶级工人力量团结起来共同革命，马克思、恩格斯于 1864 年创建了群众性的无产阶

级政治组织——第一国际工人协会，简称"第一国际"。

1864年9月28日，英、法、德、意等国的工人代表为声援波兰人民反对沙俄的战争举行了一次集会，成立了国际工人组织。马克思参加了大会并当选主席团成员。大会选出了临时中央委员会（后改称总委员会），通过了成立国际性工人协会的决议，标志着第一国际的建立。在《成立宣言》和《共同章程》中，马克思鉴于协会是一个多国无产阶级群众组织，在有关组织目标、任务和性质问题上，坚持了原则的坚定性和政策的灵活性，把科学社会主义的基本理论用温和的语言表达出来，并确定了民主集中制的组织原则。《成立宣言》阐明了"夺取政权已成为工人阶级的伟大使命"，指出了工人阶级团结一致的重要性。《临时章程》指出"工人阶级的解放必须由工人阶级自己获得"，工人阶级的任务是消灭任何阶级统治。还规定"国际"的最高权力机关是代表大会，每年召开一次，由它选举总委员会，代表大会休会期间，由总委员会负责日常工作。第一国际存在期间，积极团结各国工人组织，发展"国际"的支部。1864年底成立了巴黎支部，并在瑞士成立了德国流亡者国际支部和法国流亡者国际支部。此外，在比利时、西班牙、意大利也相继成立了支部。

马克思亲自参加了第一国际的领导工作，确保第一国际沿着科学社会主义的道路前进。马克思在第一国际内的正式职务是总委员会委员，实际上他领导着总委员会的全部工作，是第一国际的真正领袖和总委员会的"灵魂"。总委员会所发表的文件几乎都出自于马克思的手笔。为了保证第一国际沿着科学社会主义的方向发展，马克思亲自为协会起草《成立宣言》和《临时章程》，规定了协会的行动纲领和无产阶级的基本任务，强调工人阶级必须建立自己独立的政党，必须进行政治斗争，推翻资产阶级的统治，建立无产阶级政权。第一国际正确地贯彻了马克思制定的无产阶级革命路线，团结教育了各国无产阶级，使无产阶级国际主义从理论变成群众性的行动，把欧美各国无产阶级组织成为一支战斗的队伍，推动了国际工人运动的胜利发展。正是在第一国际的影响下，诞生了巴黎公社。

（2）指导"巴黎公社"的革命

在第一国际的指挥和领导下，欧洲工人运动

如火如荼的开展，不断冲击着资本主义社会制度的基础，终于在其成立的二十三年之后，迎来了无产阶级推翻资本主义政权，实现无产阶级专政的首次伟大实践——巴黎公社。

在 1871 年普法战争中，法国工人为保卫巴黎建立了国民自卫军及其领导机构——中央委员会。武装的工人阶级对法国资产阶级政府构成了严重威胁。3 月 18 日，以阿道夫·梯也尔为首的法兰西第三共和国政府派军队企图解除工人的武装并对其进行武力镇压，遭到了巴黎工人和国民自卫军奋起反抗并取得了胜利，国民自卫军中央委员会掌握了巴黎的政权。3 月 26 日，巴黎人民进行了公社委员会的选举。3 月 28 日，巴黎公社宣告成立。巴黎公社废除资产阶级旧制度，实行了新的体制。然而，由于巴黎公社在军事上犯了错误，使逃亡到凡尔赛的梯也尔政府勾结德国俾斯麦政府，集结反革命势力，对公社进行了残酷镇压。巴黎男女老少都投入了战斗。在战斗中有七万多人英勇牺牲。5 月 28 日，最后一个街垒陷落，巴黎公社被敌人颠覆。公社虽然只存在 72 天，但它开辟了无产阶级反对资产阶级及其国家的斗争的新阶段。

马克思和恩格斯始终密切关注着发生在法国的这场无产阶级革命，并高度赞扬巴黎工人的英雄气概和革命首创精神。他们在伦敦利用一切可能的条件与巴黎公社取得联系并给予支持和帮助。马克思亲自给了巴黎公社许多宝贵的指示，并且给第一国际各支部发出了数百封信，号召各国工人援助巴黎公社。巴黎公社革命期间，国际总委员会共举行七次会议来讨论巴黎公社的革命问题。马克思还与公社委员弗兰克尔·莱奥、瓦尔兰建立了通信联系。巴黎公社失败后，第一国际及其各国支部强烈抗议反动派镇压公社，谴责梯也尔政府暴行，发动营救、支援和救济公社流亡者的活动。

马克思他的著作《法兰西内战》中全面论述了巴黎公社的丰功伟绩，分析总结了巴黎公社的经验。马克思认识到，巴黎公社就是工人阶级夺取政权，但"工人阶级不能简单地掌握现成的国家机器，并运用它来达到自己的目的。"所以，工人阶级"掌握政权的第一个条件是改造传统的国家工作机器，把它作为阶级统治的工具加以摧毁。"这是巴黎公社最主要的经验。也成为科学社会主义理论中对于未来社会发展阶段设想的重要实践来源。

(3) 指导帮助欧美各国工人阶级建立无产阶级政党

19 世纪 70～80 年代，在"第一国际"和"巴黎公社"的鼓舞和感召下，欧美许多国家纷纷成立了社会主义政党和组织，推动无产阶级革命的发展。在这一时期，资本主义进入垄断阶段，经济危机频繁，劳资矛盾日益尖锐。为了提高工资、实行八小时工作制，社会保险，女工、童工受保障等一系列反抗斗争此起彼伏，一度低落的工人运动又高涨起来。德、英、法、美、意大利、奥地利、西班牙等国都发生了有组织的工人罢工运动。这些实践活动为代表无产阶级的社会主义政党和组织的成立创造了社会实践基础。同时无产阶级斗争也促进了马克思主义在这些国家的传播。各国社会主义者用不同的文字大量出版了马克思、恩格斯的重要著作。各国还出版了多种社会主义报刊。这些活动都为无产阶级政党的成立奠定了理论基础。在实践和理论的指导下，欧美国家社会主义政党和组织的成立已经呼之欲出。

1869 年 8 月德国成立的德国社会民主工党，是世界上第一个在全国范围内组织的独立的工人阶级政党，领导人是韦尔赫姆·李卜克内西和奥古斯特·倍倍尔。1879年法国的法国工人党，茹尔·盖得和保尔·拉法格为领导者。1902年法国众多的社会主义政党合并为法国社会党，1905年在第二国际的干预下，组织成统一的社会党，又称工人国际法国支部。其它政党和组织如：奥地利于1874年5月建立的社会民主党，丹麦于1876年6月建立丹麦民主联盟，美国于1876年7月在费城成立美国工人党，比利时于1879年1月成立比利时社会党，西班牙于1879年成立社会主义工人党，荷兰1882年成立社会主义联盟，意大利于1882年成立意大利工人党，英国于1884年8月成立社会民主联盟等。他们为推动各国工人运动做了许多工作。但他们在政治、思想、组织上还不成熟，受着各种机会主义的影响，与工人运动缺乏应有的联系。

对于这些蓬勃发展起来的无产阶级政党和组织，马克思、恩格斯十分重视，并根据各国的不同情况，帮助各国党制定正确的纲领和策略。马克思恩格斯严厉批判了法国"可能派"和英国的改良主义。恩格斯对美国、英国党内存在的教条主义提出批评，敦促他们投入到现实的工人运动中去。在马克思恩格斯的指导和帮助下，各国无产阶级政党逐渐成熟起来，但由于所处环境不同，这些政党后来走上了不同的历史道路。

3. 指导和影响"第二国际"的运动

如果说"第一国际"是欧洲各国无产者群众性的组织，那么"第二国际"就是欧洲各国无产阶级政党的联合。在"第一国际"和"巴黎公社"的感召下，19世纪70～80年代欧洲各国工人运动愈加频繁，欧美各国纷纷成立了自己的无产阶级政党和组织。这些政党和组织迫切需要加强国际团结，协调行动，因此马克思、恩格斯筹划成立了将各国无产阶级政党和组织联合起来的组织——第二国际。因此，第二国际是相对于第一国际而言的，它不仅仅是各国无产者的联盟，也是各国无产阶级政党的联合，它是1898～1914年各国社会主义政党的国际联合组织。

1889年7月14日德、法等国社会主义政党的代表在巴黎召开"国际社会主义者代表大会"，共有22个国家的393名代表参加。巴黎大会主要讨论国际劳工立法和工人阶级的政治、经济斗争任务，通过了关于每年庆祝"五一"劳动节等决议，这次大会标志着第二国际的建立。

第二国际存在的 25 年间，共召开 9 次代表大会。其活动大体上以 1900 年为界，分为前期和后期。前期先后召开 4 次代表大会，通过关于工资工时和劳动保护、政治斗争和经济斗争、废除常备军和实行全民武装、反对战争和军国主义、反对殖民主义和实行民族自决、工会、土地和妇女等问题的决议。后期召开过 5 次代表大会。通过关于夺取政权、党的统一、党与工会的关系、党与合作社的关系、反对殖民政策、反对军国主义、反对帝国主义战争等决议。尤其是巴塞尔大会的反战宣言，对于欧美工人阶级的斗争起了很大的动员作用。在恩格斯的指导和影响下，第二国际的前半期基本上执行了马克思主义路线，它从各国实际出发，批判和反对各种错误思潮，组织无产阶级反对资本主义制度，维护无产阶级的利益，广泛传播了科学社会主义，促进了工人运动的发展。

在第二国际的指挥下，19 世纪 90 年代工人运动的规模、组织性、斗争的激烈程度都大大超过以往水平，特别是"五一"节的活动已成为固定的活动。1890 年 5 月 1 日，法国、比利时、奥地利、西班牙、瑞典等国的许多城市，都举行了大规模的游行示威以及罢工活动。英国的示威是在 5 月 1 日进行的，仅伦敦一地就有 20 万人参加。1891 年的"五一"节更具有战斗性，法国福尔米的示威工人同反动军警发生流血冲突，在全国引起强烈反响。此外，各国社会主义者在利用资产阶级议会制度开展合法斗争方面取得重大成就。1893 年德国党在国会选举中所得选票比 1990 年增长 25%，占选票总数的 23.3%，议席由 35 个增至 44 个，成为议会中得票最多的党。同年，法国的社会主义者也在选举中获得重大胜利，在议会中拥有约 50 名议员。其中法国工人党获得 25 万张选票，12 个议席。英国在 1892 年有 15 名工人代表进入议会。比利时工人党在 1894 年大选中有 28 名代表被选入议会。意大利社会党在 1895 年的选举中获得近 8 万张选票，议席由 5 个增加到 11 个。

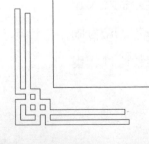

（二）科学社会主义指导下的社会制度实践

　　科学社会主义从历史中走来，自身在实践中不断地发展和完善，并希冀在实践中取得突破性的发展。从 18 世纪第一国际的诞生、巴黎公社到 19 世纪第二国际的成立，20 世纪的世界无产阶级已经在马克思、恩格斯科学社会主义理论的领导下逐渐壮大和成熟，工人运动和革命的热情空前高涨，在这样的历史条件下，科学社会主义迫切的需要完成从无产阶级政权的夺取到无产阶级专政国家的建立的突破性实践。如何根据时代的变化开创科学社会主义的崭新局面，将马克思恩格斯的社会主义理想付诸实现，是科学社会主义所面临的重大历史使命。以列宁为代表的 20 世纪共产党人在实践中发展了马克思主义，创立了社会主义首先在一国胜利的理论，而历史也将科学社会主义的首次社会制度实践锁定在了当时的沙皇俄国。

1. 第一个社会主义国家的诞生

1917 年 11 月 7 日，列宁领导的十月革命取得了伟大胜利，并建立了世界上第一个社会主义国家——俄罗斯苏维埃联邦社会主义共和国，简称为苏俄。1922 年 12 月 30 日，俄联邦与乌克兰、白俄罗斯和包括阿塞拜疆、亚美尼亚和格鲁吉亚在内的外高加索联邦等四个苏维埃社会主义共和国一起，正式成立了苏维埃社会主义共和国联盟，简称苏联。此后，1924～1936 年根据苏联政府的民族划界政策，在归俄罗斯联邦管辖的中亚地区先后成立乌兹别克、塔吉克、土库曼、哈萨克、吉尔吉斯五个苏维埃共和国，作为主权共和国加入苏联。1936 年 12 月初，将南高加索联邦划分成阿塞拜疆、亚美尼亚、格鲁吉亚三个主权苏维埃共和国并加入苏联。1939 年 8～9 月，苏联政府与德国签订互不侵犯条约并附加一项秘密议定书，把波罗的海地区立陶宛、拉脱维亚、爱沙尼亚三国划分为苏联势力范围。于是，1940 年 6 月苏联政府照会三国政府派兵进驻，8 月苏联政府以武力相要挟强行改组三国政府，将三国变为苏维埃共和国并入苏联。

　　历史的转折从来不是偶然的，在沙皇俄国首先进行革命并成立第一个社会主义国家是有着深厚的实践和理论基础的。在社会实践方面，十月革命之前的沙皇俄国处于各种阶级矛盾交错激化的社会状态之中，无产阶级与资产阶级、资产阶级与封建专制统治之间的矛盾一触即发。在这样的社会矛盾中，沙皇俄国的无产阶级一方面受到封建地主阶级的奴役，另一方面受到资产阶级的压榨，生活苦不堪言，迫切的需要通过革命改变生存状态，成为富有斗争性的无产阶级革命力量。而在理论基础方面，马克思恩格斯的科学社会主义理论通过欧洲革命和运动传播到当时的沙皇俄国，并经列宁与当时沙皇俄国的实际情况相结合，产生了符合当时俄国国情的实践理论，有力的指导了十月革命，并最终取得了国家政权，建立了世界上第一个社会主义国家。

　　2. 苏联社会主义的发展

　　(1) 1918 年～1920 年"战时共产主义"。

　　苏联虽然成为了世界上第一个社会主义国家，但其发展之路却并非一帆风顺，而是经历了艰难的历程和国内外局势的严酷挑战。1918 年夏，协约国帝国主义与俄国国内的反革命势力联合向新生的苏维埃政权发起进攻，很快占领了苏俄大约3／4的国土，致使国内最重要的粮食和燃料来源被切断，40％的工厂因缺乏燃料而停工、停产，交通运输几近瘫痪，人民忍饥挨饿，苏维埃政权抵御侵略的物质后盾极其匮乏、脆弱，形势岌岌可危。为了维护自身的生存、平息国内反革命叛乱和打退外国武装干涉，列宁领导的布尔什维克党陆续采取了一系列被称为战时共产主义的非常方针和政策，被称为战时共产主义政策，主要措施主要有：

采取余粮收集制。政府颁布法令确定征收任务总数，自上而下地摊派给各产粮地方，直至每个农户承担。下达给乡的征收额就是余粮额。这样不仅仅是余额而且连农民的口粮也被征收。起初，征购仅限于粮食和饲料，后来扩大到一切农产品。

加速实现工业化，实行高度集中的总局管理体制。国家先是把大企业和部分中型企业国有化，此后又把全部中小企业收归国有。国家对工业实行高度集中的总局管理体制，即用垂直的行政领导方法，决定企业的生产任务，调拨企业的人力物力，包收企业产品。企业没有任何自主权，也不需要经济核算。

实行贸易垄断，禁止自由贸易。国家实行粮食专卖，后来又颁布"贸易垄断法令"，由国家通过国营商业和合作社来组织城乡产品的直接交换。禁止一切私人贸易，否则以触犯国法相待。

经济关系实物化，实行平均主义的配给制。1919年3月，政府颁布了《关于消费公社》的法令，将全国城乡居民都组织到消费公社中，实行严格的消费品配给制。

实行普遍劳动义务制和劳动军事化。要求凡是有劳动能力的人一律参加劳动，实行"不劳动者不得食"的原则。战时共产主义政策是在战争条件下被迫采取的。1921年，苏俄政府用新经济政策取代了战时共产主义政策。

"战时共产主义"政策是工人阶级和劳动农民为保卫苏维埃政权而结成的政治军事同盟。它的基本特征是最大限度地扩大国家所有制，对国民经济实行高度集中的行政管理体制，废除商品货币关系，经济生活走向实物化以及分配中的平均主义。这一切都为战时所迫，自有其巨大的历史功绩。实行"战时共产主义"政策，从客观上说是不得已的，是当时严酷的战争条件下不得不采取的政策措施。然而，这个政策不是一项发展生产力的政策，而是在战争的特殊环境下能够搜集到较多的粮食和其他物品并将它们平均分配的一种经济形式，其结果破坏了国家经济体系的正常运行，严重制约了国民经济和社会的发展。

（2）1920年～1930年"社会主义改革和建设模式"

苏联在20世纪20～30年代的社会主义改造和社会主义建设过程中，形成了以高度集权为基本特征的政治、经济体制以及进行社会主义建设的方式、方法，这就是后人所称的苏联社会主义建设模式。这一模式也是在苏联高速工业化、农业全盘集体化和政治运动过程中形成的。

苏联社会主义建设模式的形成大体上经过三个阶段。

第一阶段：从1924年列宁逝世后到1927年党的十五大，是奠定苏联社会主义建设模式理论基础阶段。这一阶段围绕什么是列宁主义问题，斯大林展开了同托洛茨基等人的论战，发表了《论列宁主义的基础》和《论列宁主义的几个问题》等论著，阐明了列宁主义基本理论和基本问题。他给列宁主义下了定义："列宁主义是帝国主义和无产阶级革命时代的马克思主义。"确切些说，列宁主义是无产阶级革命的理论和策略，特别是无产阶级专政的理论和策略。这样，列宁的新经济政策理论和实践就被排除于列宁主义之外，阶级斗争和无产阶级专政就成了苏联社会主义建设模式的理论基础。

第二阶段：从 1928 年施行第一个五年计划到 1936 年苏维埃八大，是苏联社会主义建设模式在实践中形成并最终确立的阶段。这一阶段是以国家工业化和农业集体化为主要实践内容，开展同布哈林等人的论战，中止了"新经济政策"，在新的历史条件下恢复和发展了"战时共产主义体制"，形成了斯大林的国家社会主义模式。

第三阶段：从 1936 年斯大林宣布苏联建成马克思称之为共产主义第一阶段的社会主义社会，到 1956 年苏共 20 大前夕，是苏联社会主义建设模式经受了第二次世界大战考验并在世界各个社会主义国家中得到普遍发展的阶段。在这一阶段里，斯大林把苏联社会主义建设模式普遍化、绝对化、神圣化，到这一阶段的后期也就陷入了僵化。

　　苏联社会主义建设模式弊端很多，但在社会主义模式形成之初，在工业化和农业集体化方面取得的成绩是一个不争的事实。这表现在社会主义工业化的基本实现和农业集体化的基本完成。基本实现社会主义工业化。1927年底，联共（布）制定了发展国民经济的第一个五年计划（1928~1933年），该计划规定的任务是，建立社会主义大工业，优先发展重工业，迅速建设国民经济各个部门，为社会主义奠定更强大的物质基础。经过几年的努力，"一五"计划提前九个月完成。期间，工业投资的3/4用于重工业部门，在改建扩建大批老企业的同时，新建了一千五百多个用最新技术装备起来的大型工厂，工业总产值增长1.3倍，国民收入增长86%，劳动生产率提高38%，国民生产增长率年均19.4%。全国工业产值占工农业总产值的70.7%，工业内部轻重工业比重变为46.6∶53.4。说明苏联已经由一个农业国变成工业—农业国。1932年联共（布）又制定了第二个五年计划（1933~1937年），其任务是，彻底消灭资本主义成分，肃清经济中和人民意识中的资本主义残余，在最新技术基础上完成整个国民经济的改造，掌握技术和新企业，实行农业机械化和提高农业生产率。"二五"计划用了4年3个月完成，其间，国民经济平均年增长17.1％，在工业发展速度上超过了各主要资本主义国家，工业总产值跃居欧洲第一，世界第二，机械制造业和金属加工业继续领先，但农、轻、重比例失调的现象和趋势更加明显。

尽管国民经济发展中还存在一些突出的问题，然而，通过两个五年计划的实施，苏联已基本上实现了社会主义工业化。苏联的工业化是在一个特定的国内外环境下实现的。一方面，它使苏联在相当短的时间内，就从一个落后的农业国变为先进的工业国，显示了社会主义的优越性；另一方面，广大人民群众为此付出了较大的牺牲和代价。经济的高速度发展，在相当大的程度上不是遵循经济发展的客观规律取得的，而是依靠党和国家的政治权威，依靠工人阶级和劳动人民为改变国家落后面貌而迸发出来的热情，依靠高度集中的政治经济体制来实现的。这种高度集中的体制和经济增长之间的矛盾，在工业化初期还不明显，但随着时间的推移，这一矛盾必将日益暴露和增长起来。

农业集体化的实现。为了解决工业化所需资

金和粮食收购危机等问题，同时也为了完成对农业的社会主义改造，苏联从 1928 年起又开始了全盘集体化运动。1929 年 11 月斯大林发表《大转变的一年》一文，认为整村、整区加入集体化是农业发展的根本转变。1930 年 1 月，联共（布）中央通过《关于集体化的速度和国家支持集体农庄建设的措施》的决议，明确规定主要产粮区要在 1930 年秋或 1931 年春完成集体化，其他产粮区要在 1932 年完成集体化，边疆和民族地区在 1933 年完成集体化。随后党中央宣布了十分严厉的消灭富农的政策（所有富农均被没收财产，赶出家园，大批富农及其家庭被遣送到西伯利亚荒僻地区），同时派出成千上万的工人到农村去指导集体农庄运动，一场声势浩大的全盘集体化高潮兴起。在不到两个月的时间里，集体化农户由原先不足 10％，一下子猛增到 56％。与此同时，各地普遍出现强迫农民加入集体农庄的行为，出现没收农民的宅旁园地、住宅、农具、家禽家畜及其他财产的行为，广大农村一片混乱。许多农户杀鸡宰鹅，毁坏林木，放弃春耕，致使农业生产遭到严重破坏。经过几年的调整和发展，集体化了的农户占总农户的比例在 1934 年 7 月为

71.4％，1935 年为 83％，1937 年达到 93％，集体农庄播种的土地占总耕地面积的 99.1％。至此，苏联农业全盘集体化的任务已基本完成。

在完成了工业化和农业集体化的基础上，1936 年苏联颁布了新宪法，宣布建成了社会主义。11 月，斯大林在苏维埃第八次代表大会上作的《关于苏联宪法草案》的报告中，认为在 1924～1936 年期间，苏联经济生活方面的根本变化就是社会主义体系已经在国民经济的一切部门中取得了完全的胜利，从而表明，苏联已基本建成社会主义。当然，斯大林在关于苏联已经建成社会主义的论断，犯了"超越阶段"的错误，过于急于求成，严重脱离了苏联的实际。

建立了强大的国防体系。第二次世界大战初期，德国军队几乎是所向披靡，毫无阻挡地向整个欧洲扩张，是苏联在巨大的消耗战中扼制了德军的优势，反败为胜，靠的是拥有雄厚物质基础的国防。在二战最后的三年中，苏联每年平均生产坦克、自动大炮和装甲汽车三万多辆，飞机四万多架，大炮近 12 万门，轻重机枪近 45 万挺，步枪三百多万枝，自动步枪约 200 万枝。苏军源源不断的坦克、大炮、飞机的供应取得了全面的优势，使德军难以与之较量，军事装备的优势奠定了苏联红军的战斗力。

斯大林模式在建设战备体制方面取得了预期的效果。1942 年与 1940 年相比，苏联工业中战争需求的产品份额由 26％增加到 68％，由民用工业向军备工业转化得到的，依赖的是战前工业化的积累和战争中的集中高效的工业生产。这都是由于 1928 年的苏联工业化以来所取得的成就。

3. 社会主义阵营的形成

第二次世界大战后，社会主义在世界范围内，特别是亚欧地区得到空前发展，使得世界经济政治格局发生翻天覆地的变化，形成了以苏联为首的社会主义阵营和以美国为首的资本主义阵营对立的局面。

第二次世界大战以后，在马克思主义理论的感召下和苏联的大力支持下，社会主义越出了一国范围，在欧洲和亚洲出现了许多人民民主国家，确立了社会主义制度。在欧洲地区，先后有南斯拉夫、波兰、罗马尼亚、保加利亚、捷克斯洛伐克等八国走上社会主义道路。在亚洲地区，中国、越南、朝鲜等国亦先后确立社会主义政权。在当时，这些社会主义国家人口总数占到世界总人口数的 35％，社会主义阵营成为世界格局中的重要力量。社会主义各国以马克思主义为纽带，通过双边或多边条约、协定等法律形式，在 20 世纪 40 年代末结成了社会主义阵营。至此，科学社会主义经马克思、恩格斯创立后，经过实践反复检验与发展，经过在一国的成功尝试，经过世界大战的洗礼，成功地在亚洲、东欧地区获得普遍确立。

社会主义阵营的形成有利于巩固各国的社会主义成果，鼓舞了蓬勃高涨的民族解放运动，沉重地打击了帝国主义和殖民主义，捍卫了世界和平。它是第二次世界大战后国际力量对比发生巨大变化的结果，对此后世界政治经济产生了深远的影响。然而由于改革和发展经验的不足，社会主义阵营各国普遍出现了制度上的"水土不服"。对于出现的社会状况，这些国家没有将科学社会主义的一般理论与自身国情相结合，探索适合本国发展的道路，而多以苏联的社会主义模式为模板，照搬照抄，最终导致了不利于改革与发展的局面不断恶化。

4. 东欧剧变与苏联解体

社会主义阵营的形成让科学社会主义理论实现了从理论到实践、从一国到多国的发展，使社会主义成为了世界格局中重要的政治力量。然而，由于种种原因，这种繁荣的景象并没有持续下去，东欧剧变与苏联解体的发生，使得科学社会主义的社会实践又走进了历史的漫漫长夜。

（1）东欧剧变与苏联解体的过程

20世纪80年代末90年代初，战后陆续走上社会主义道路的东欧国家，在实行社会主义制度四十多年后纷纷改章易旗。世界上第一个社会主义国家苏联，在经历了74年的艰难发展后，竟在没有硝烟的和平环境中顷刻瓦解，被资本主义"和平演变"。在改革的旗号下所发生的这场"政治地震"，从本质上看，是对马克思主义的背离和抛弃，并非是改革而是重新倒退回了资本主义。这场政治动荡的结局是：执政的共产党下了台，或虽未下台但已改变了名称和性质。原社会主义阵营的一些国家普遍更改了党名、国名、国旗、国徽，结果是党变了质，国家变了色。

在东欧剧变的过程中，首当其冲的国家是当

时的波兰。20 世纪 80 年代初，波兰由于政策上的失误爆发了经济危机，引发了全国性的工人罢工。为了维护社会的稳定，波兰政府实行了为期两年的军事管制。然而单纯的管制性措施并没有解决经济危机的根源，反而加剧了社会危机的程度。1988 年，波兰再次出现政府财政危机，政府大幅度提高消费品和服务价格，遭到工人群众的强烈反对，各地的罢工此起彼伏，一浪高过一浪。在西方国家的干涉和压力下，加上苏联忙于应付内部的危机，放弃对东欧事务的干预，波兰统一工人党经过激烈的争论，在 1989 年初通过决议，最终宣布实行政治多元化和工会多元化。1989 年12 月，波兰修改宪法，将国名由波兰人民共和国改为波兰共和国，恢复红底戴王冠的白鹰为国徽。波兰国家的性质根本改变，成为一个实行西方议会民主和市场经济的国家。

自波兰改旗易帜后，东欧的其他国家也卷入了剧变的历史漩涡。1989 年 2 月，匈牙利社会主义工人党宣布放弃执政党地位，实行多党制。此后，由于匈党内矛盾不断公开化，最后导致党的分裂。1989 年 10 月，社工党改名为社会党，提出要在匈牙利建立"民主社会主义"。当月，匈牙利国会通过宪法修正案，把"匈牙利人民共和国"改为"匈牙利共和国"，决定取消作为集体国家元首的共和国主席团，实行总统制；确立多党制和议会民主的法治国家；取消马列主义政党在国家机构中的领导作用的规定。1990 年 3 月的大选中，反对党民主论坛获胜，原工人党彻底丧失了政权。

民主德国的剧变是以并入联邦德国为终结。1989 年，民主德国政局出现大动荡，大量的公民外逃至联邦德国，迫于社会的压力政府宣布开放东西柏林边界，拆除"柏林墙"，决定实行多党制。1990 年 10 月，民主德国并入联邦德国，从而实现了两德的统一。

捷克斯洛伐克政变是由国内要求重新评价 1968 年发生的"布拉格之春"开始的。1989 年 11 月 7 日至 28 日，捷全国爆发了有 250 万人参加的游行示威，要求取消一党制，捷共失去了对局面的控制。11 月 24 日，以雅克什为总书记的捷共领导班子集体辞职。11 月 29 日，捷联邦议会修改宪法，取消了共产党的领导地位。12 月 6 日，胡萨克辞去总统职务。12 月 28 日，"布拉格之春"的领导者杜布切克当选联邦议会主席。第二天，联邦议会选举哈威尔为总统。捷共沦为在野党。1990年3月，联邦议会决议更改国名为捷克斯洛伐克联邦共和国。1993年1月，这个国家分为捷克共和国和斯洛伐克共和国。

与东欧剧变相似，苏联解体亦是在西方"和平演变"的阴谋下，由于苏联共产党从搞民主化到搞西方式的多党议会民主制，最终迫于各方压力造成的解体。1988年7月苏共第十九次代表会议决定改组苏维埃，实行党政分开，提出"人道的民主的社会主义"口号，并在实践中全面实施"民主化"、"公开性"方针。在1990年2～3月的中央全会上，苏共宣布放弃宪法规定的苏共对国家进行领导的地位，实行多党制和总统制。在东欧剧变的浪潮下，苏维埃社会主义共和国联盟已然处于分崩离析的边缘。1990年7月的苏共二十八大，宣布放弃马克思主义的指导思想和民主集中制的组织原则，确定了"民主社会主义"的基本面貌，确定向以私有制为基础的市场经济过渡的方向。1991年3月，苏联政府正式公布新联盟条约，并将苏联国名改为"主权共和国联盟"。8月23日，俄罗斯总统叶利钦发布命令，停止俄罗斯共产党的活动，24日，戈尔巴乔夫宣布辞去苏共中央总书记职务，并建议苏共自行解散，苏联共产党解体。12月8日，俄罗斯、乌克兰和白俄罗斯三国领导人在明斯克签署"独立国家联合体宣言"，宣布苏联不复存在。12月25日，戈尔巴乔夫宣布辞职，26日苏联最高苏维埃举行最后一次会议，确认了苏维埃社会主义共和国联盟解体，至此存在了74年之久的第一个社会主义国家，结束了他自己的历史。

早在苏联解体发生之前，社会主义阵营的崩溃就已经变得不可扭转。苏联的解体，为波兰开始的东欧剧变大潮画上了句号。苏联解体后，世界上只剩下美国这个唯一超级大国。在为东欧剧变和苏联解体而惋惜的同时，我们不禁追问，曾经蓬勃发展壮大的社会主义阵营，何以在短时间内就分崩瓦解？

（2）东欧剧变与苏联解体的主要原因

东欧国家的剧变并不是偶然的，它是各国长期积累起来的各种矛盾的总爆发，是各种因素综合作用的结果。就社会主义阵营内部原因而言，在经济方面，照搬苏联模式阻碍了东欧各国的经济发展，使其不同程度上要求摆脱苏联模式的束缚，从而导致了20世纪50～80年代东欧各国对于改革的社会呼声愈演愈烈，激化了社会矛盾。在政治方面，东欧各国的内政很大程度上受制于苏联，苏联强使东欧国家在内外政策上同它保持一致。在苏联大国主义的控制下，东欧各国实际上没有取得独立自主的权利。为了对抗美国的冷战攻势，苏联着意巩固在东欧的势力范围，强使东欧国家在内政外交上同它保持一致，也使得各国政界矛盾四起。而就外部原因来看，西方国家"和平演变"战略则间接地助推了东欧各国"政治地震"的发生和发展。"和平演变"战略是以美国为首的西方帝国主义国家针对社会主义国家的一项长期基本战略。其目标是使社会主义国家实行经济私有化、政治多元化、思想文化和价值观念西方化，最终使社会主义国家演变为资本主义国家，实现以美国为领导的资本主义一统天下的世界。东欧是西方实施这一战略的突破口。20 世纪 80 年代初，西方国家加紧了这一战略的实施。在东欧剧变过程中，西方国家进一步协调行动，采用的手法主要有：利用各种传媒，宣扬西方的价值观念，进行意识形态的渗透；利用贷款、贸易和技术援助，诱压东欧国家向西方靠拢；利用"人权"问题干涉内政，扶植支持东欧国家内部的反对势力。

总之，社会主义阵营在内部矛盾、外部压力的双重作用下导致了"东欧剧变"的发生，极大地削弱了社会主义国家的国际力量。

苏联解体同样是多种因素共同作用的结果，这些因素在苏联解体中起着不同的作用。概括起来，主要有以下原因：

首先，政治经济体制的高度集中是苏联解体的主要原因。政治、经济体制的高度集中，使得苏联国家的发展变得僵化，整个社会丧失了活力和凝聚力，到 20 世纪 80 年代初期，这种消极的后果已经使苏联陷入全面危机，整个社会进入了停顿和停滞时期。在这种高度集中的制度下，任何局部改革都无济于事，而对它进行根本性改变便使它丧命，导致了苏联最终的解体。

其次，苏共领导人背叛科学社会主义是苏联解体的根本原因。戈尔巴乔夫在土耳其安卡拉的美国大学研讨会上的演讲中这样说：他的人生目的是战胜共产主义。苏联在一个把战胜共产主义当作生活目的的总书记领导下进行"改革"，势必导致复辟资本主义和苏联解体。

再次，西方实施"和平演变"战略是苏联解

体的外部原因。在东欧剧变、苏联解体中，以戈尔巴乔夫"新思维"为代表的人道的民主社会主义之所以能够迅速泛滥，是与西方国家长期推行"和平演变"战略分不开的。苏东剧变中起来积极开展夺权斗争的反对派，没有一个不是在西方国家支持和资助下得以发展壮大的。苏东政局的剧变，就是在西方帝国主义的策划和干预下，在党内修正主义与党外反对派相互勾结的情况下发生的。曾是苏联持不同政见者的季诺维也夫在 1991 年 9 月苏联即将解体时指出："没有西方的支持，戈尔巴乔夫分子以及激进分子恐怕连一个月也坚持不了。他们之所以能维持下去，只是因为他们按西方的意志行事。"

（3）东欧剧变与苏联解体的教训

东欧剧变、苏联解体固然是科学社会主义实践的重大损失，然而痛定思痛，共产党人应当冷静下来，认真总结苏东剧变的教训。在苏联解体一个多月之后，邓小平就曾在南方谈话中，对社会主义建设经验教训作出了如下的简明概括："不坚持社会主义，不改革开放，不发展经济，不改善人民生活，只能是死路一条。"①

第一，必须改革。苏联由于高度集中的政治经济体制束缚了社会生产力的发展，为其日后解体埋下了深厚的社会隐患，它告诉我们必须通过改革发展国家的生产力，使国力强盛、人民富裕。并且，改革必须符合本国国情，而不能搞教条主义。科学社会主义理论是发展的理论、开放的理论，我们要将马克思主义一般原理与一国实践相结合，探索改革的正确方向，社会主义国家如果不能及时从体制改革中创造出符合时代要求和本国国情社会主义的新道路，就会背离科学社会主义的方向，从民主社会主义和资本主义那里去寻找出路，最终导致东欧剧变和苏联解体的悲剧。

第二，必须开放。马克思恩格斯指出，社会主义"只有作为'世界历史性的'存在才有可能实现。"② 中国近代历史也说明，闭关锁国只有死路一条。当代国际经济关系越来越密切，任何国家都不可能在封闭状态下求得发展。而对外开放就不可避免的要处理社会主义与资本主义两种制

---

① 《邓小平文选第三卷》，人民出版社 1993 年版，第 370 页。
② 《马克思恩格斯选集》第一卷，人民出版社 1972 年版，第 41 页。

度的关系。社会主义要赢得与资本主义相比较的优势，就必须大胆吸收和借鉴人类社会创造的文明成果，同时又要警惕和抵制西方敌对势力"和平演变"的图谋。时刻注意西方国家在文化、价值观等方面的影响。

第三，必须不断提高人民群众的生活水平。社会主义的优越性，就在于它能够消灭阶级剥削，发展生产力，从而提高广大人民的生活水平。苏东剧变的发生，从根本上来说，就是因为经济上不去，导致了社会矛盾的激化，苏共的执政能力遭到质疑。因此，不断提高人民的生活水平，是改革开放的根本出发点和落脚点。实践证明，人心向背是决定政党兴亡的根本性因素，全体执政党的根基都在于取得人民群众的支持和拥护，而要做到这一点，就必须不断地为人民群众带来实实在在的利益，就必须致力于关注民生、保障民生、改善民生。

第四，必须坚持社会主义。苏联解体的重要原因之一是苏联领导人放弃了科学社会主义的路线，背弃了马克思主义。对此，我们必须引以为鉴。改革要在社会主义的方向上进行，而不能走邪路、走老路。坚持社会主义必须搞清什么是社会主义。不要像过去那样把苏联模式等同于社会主义，把许多妨碍生产力发展、不利于人民生活改善、并不具有社会主义本质属性的东西，当作社会主义的原则加以固守。中国共产党第十八次全国代表大会上，对于中国特色社会主义理论体系进行了科学定位，值得我们深入学习和贯彻，坚定不移地朝着全面建成小康社会而奋勇前进。

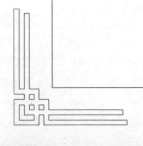

六、科学社会主义
在中国的理论成果

　　由于历史因素、阶级因素、社会发展等因素的特殊性，在中国实现马克思、恩格斯的共产主义理想，绝非易事。但中国今天的发展却是马克思主义制度至今为止最成功的社会实践，这种成功一方面来源于中国马克思主义者不断研究与探索，将马克思主义一般原理与中国革命与建设的具体实践相结合，产生了一系列的具有时代精神和民族特点的中国化马克思主义理论成果；另一方面，中国共产党人领导下的中国特色社会主义伟大实践，遵循了马克思主义的理论精髓，实事求是、不断创新，并将实践发展中获得的经验不断进行理论升华，发展了马克思主义理论。因此，马克思主义在中国的发展和延续，是马克思主义在当今世界的宝贵火种，是共产主义理想得以在世界范围内实现的重要途径，具有巨大的历史意义。

在广义上讲，科学社会主义与马克思主义是作为同义语被理解和使用。因此，科学社会主义在中国的理论成果，即是指马克思主义中国化过程中所形成的一系列理论成果，这些成果作为中国化的马克思主义理论是马克思主义的理论发展和延续，并指导了中国特色社会主义的伟大实践，具有重要的理论和实践意义。中国马克思主义者一贯重视马克思主义中国化的理论创新，先后形成了毛泽东思想、邓小平理论、"三个代表"重要思想和科学发展观等理论成果。

（一）毛泽东思想

毛泽东思想是马克思列宁主义在中国的运用和发展，是被实践证明了的关于中国革命和建设的正确的理论原则和经验总结，是中国共产党集体智慧的结晶。

1. 毛泽东思想的科学内涵

（1）关于新民主主义革命的理论

在新民主主义革命阶段，以毛泽东为主要代表的中国共产党人，根据马列主义的基本原理，从中国的历史状况和现实状况出发，深刻研究中国革命的特点和规律，不断总结成功和失败的斗争经验，发展了马克思主义关于无产阶级在民主革命中的领导权思想及列宁的民族和殖民地理论等一系列理论原则，创立了完整的新民主主义革命理论。这个理论主要包括：第一，关于新民主主义革命的总路线。即中国革命是无产阶级领导的、人民大众的、反对帝国主义、封建主义和官僚资本主义的革命。这个总路线明确规定了新民主主义革命的领导权、革命的动力、革命的对象、革命的性质、革命的前途等一系列基本问题。第二，关于中国资产阶级的分析和统一战线政策。毛泽东运用马克思主义阶级分析方法指出，中国资产阶级有两个部分：一部分是依附于帝国主义的大资产阶级，即买办资产阶级、官僚资产阶级；另一部分是既有革命要求，又有动摇性的民族资产阶级。无产阶级领导的统一战线要争取民族资产阶级参加，并且在特殊条件下把一部分大资产阶级也包括在内，以求最大限度地孤立最主要的敌人。在同资产阶级结成统一战线时，要保持无产阶级的独立性，实行又团结又斗争、以斗争求团结的政策；在被迫同资产阶级主要是同大资产阶级分裂时，要敢于并善于同资产阶级进行坚决的武装斗争，同时要继续争取民族资产阶级的同情或中立。第三，关于中国武装斗争的特点和作用。毛泽东在充分考察近代中国的国情后认为，由于中国缺乏资产阶级民主，反动统治阶级凭借武装力量对人民实行独裁恐怖统治，中国革命只能以长期的武装斗争为主要形式。中国的武装斗争，是无产阶级领导的以农民为主体的革命战争。农民是无产阶级的最可靠的同盟军，无产阶级有可能和必要通过自己的先锋队用先进思想、组织和纪律来提高农民群众的觉悟水平，建立农村革命根据地，进行长期的革命战争，发展和壮大革命力量。第四，关于中国共产党的自身建设。毛泽东指出："统一战线、武装斗争、党的建设，是中国共产党在中国革命中战胜敌人的三个法宝，三个主要的法宝。"① "正确地理解了这三个问题及其相互关系，就等于正确地领导了全部中国革命。"② 三大法宝理论是对中国革命斗争经验的科学概括和总结，是新民主主义革命理论的重要组成部分。第五，关于中国革命夺取全国胜利的道路。以毛泽东为主要代表的中国共产党人创造性地走出了一条具有中国特点的农村包围城市、武装夺取政权的革命道路，这是对马列主义关于武装夺取政权学说的发展。

（2）关于社会主义革命和社会主义建设的理论

中国共产党和毛泽东等根据马列主义的基本原理，深刻总结了在中国这样一个占世界人口近四分之一、经济文化落后的大国进行社会主义革命和建设的实际经验，提出了一系列正确的理论原则，制定了一整套正确的方针政策，从而丰富和发展了马列主义。新中国成立前，毛泽东提出的人民民主专政理论，丰富和发展了马列主义关于无产阶级专政的学说。建国初期，毛泽东领导制定了党在过渡时期的总路线，提出采取社会主

---

① 《毛泽东选集》第 2 卷，第 606 页。
② 《毛泽东选集》第 2 卷，第 605－606 页。

义工业化和社会主义改造并举的方针，逐步实现对生产资料私有制的社会主义改造。引导个体农业、个体手工业走合作化道路，对资本主义工商业实行和平赎买，从而走出了一条具有中国特色的社会主义改造道路。在社会主义制度确立以后，毛泽东开创性地提出了关于严格区分和正确处理敌我矛盾和人民内部矛盾的理论，关于以农业为基础，正确处理重工业同农业、轻工业的关系，充分重视发展农业和轻工业，走出一条适合中国国情的工业化道路，关于调动一切积极因素，化消极因素为积极因素，以团结全国各族人民建设社会主义强国的战略思想。

毛泽东这些富有中国民族特色的思想，极大地丰富了马克思列宁主义关于社会主义社会发展前进的理论。

（3）关于革命军队建设和军事战略的理论

中国共产党和毛泽东领导中国人民，在长期革命战争中，创立了具有完整理论形态和科学体系的毛泽东军事思想，极大地丰富和发展了马列主义的军事理论。毛泽东的军事学说，尤其是关于革命军队建设和军事战略的理论，在毛泽东思想的科学体系中占有极其重要的地位。在革命军

队建设上，毛泽东提出了全心全意为人民服务是
人民军队的唯一宗旨的思想、党对军队实行绝对
领导的原则以及政治工作是人民军队的生命线的
思想等，从而解决了如何将以农民为主要成分的
革命军队建设成为一支无产阶级性质的、具有严
格纪律的、同人民群众保持密切联系的新型人民
军队的问题。在军事战略上，毛泽东提出以人民
军队为骨干，依靠广大人民群众，建立农村根据
地，进行人民战争的思想。把游击战争提到战略
的地位，认为中国革命战争在长时期内主要作战
形式是游击战和带游击性的运动战。毛泽东还论
述了要随着敌我力量对比的变化和战争发展的进
程，正确地实行军事战略的转变。他为革命军队
制定了在敌强我弱的形势下实行战略的持久战和
战役、战斗的速决战，把战略上的劣势转变为战
役、战斗上的优势，集中优势兵力、各个歼灭敌
人等一系列人民战争的战略战术。他在解放战争
中还总结出著名的十大军事原则。这些都是毛泽
东对马列主义军事理论的极为杰出的贡献。建国
以后，毛泽东还提出必须加强国防，建设现代化
革命武装力量和发展现代化国防技术，为我国现
代化国防建设指明了方向。

(4) 关于政策和策略的理论

毛泽东在领导中国革命的整个过程中，非常强调革命斗争中政策和策略问题的极端重要性，指出政策和策略是党的生命，是党的一切实际行动的出发点和归宿。他把马列主义战略和策略的基本原理同中国革命的具体实践相结合，创造了一整套适合中国情况的无产阶级的战略和策略原则，如：弱小的革命力量在变化着的主客观条件下能够最终战胜强大的反动力量；战略上要藐视敌人，战术上要重视敌人；要掌握斗争的主要方向，不要四面出击；对敌人要区别对待、分化瓦解，实行利用矛盾、争取多数、反对少数、各个击破的策略；对被打倒的反动阶级成员和反动分子，只要他们不造反、不捣乱，都给以生活出路，让他们在劳动中改造成为自食其力的劳动者；无产阶级及其政党要实现自己对同盟者的领导，必须具备两个条件：一是率领被领导者向着共同的敌人作坚决斗争并取得胜利；二是对被领导者给以物质利益，至少不损害其利益，同时给以政治教育，等等。

(5) 关于思想政治工作和文化工作的理论

以毛泽东为主要代表的中国共产党人十分重

视意识形态领域的问题，在思想政治文化工作方面提出了许多具有长远意义的重要思想。例如：关于思想政治工作是经济工作和其他一切工作的生命线，要实行政治和经济的统一、政治和技术的统一、又红又专的方针；关于发展民族的、科学的、大众的文化，实行百花齐放、推陈出新、古为今用、洋为中用的方针；关于知识分子在革命和建设中具有重要作用，知识分子要同工农相结合，通过学习马克思列宁主义，通过社会和工作实践、树立无产阶级世界观的思想等。他还强调要全心全意为人民服务，对革命工作要积极负责，要艰苦奋斗和不怕牺牲等。毛泽东的上述思想至今仍有重要意义。

（6）关于党的建设理论

在无产阶级人数很少而战斗力很强，农民和其他小资产阶级占人口大多数的国家，建设一个具有广大群众性的、马克思主义的无产阶级政党，是一项极其艰巨的任务。毛泽东同志的建党学说成功地解决了这个问题。毛泽东特别强调要从思想上建党，提出党员不但要在组织上入党，而且要在思想上入党，经常注意以无产阶级思想改造和克服各种非无产阶级思想；他概括了中国共产党区别于其他政党的三大优良作风，即理论和实际相结合的作风，和人民群众紧密地联系在一起的作风，以及批评与自我批评的作风；他针对历史上党内存在过的残酷斗争、无情打击的"左"倾错误，提出"惩前毖后，治病救人"的正确方针，强调既要弄清思想，又要团结同志。他创造了在全党通过批评与自我批评进行马列主义思想教育的整风形式。新中国成立前后，他又根据新形势和我们党成为领导全国政权的执政党的地位，多次提出要保持谦虚谨慎、戒骄戒躁、艰苦奋斗的作风，警惕资产阶级思想的侵蚀，反对脱离群众的官僚主义。毛泽东的党建思想，是对马列主义建党学说的新发展，对于我们在新的历史条件下搞好党的建设仍具有指导意义。

2. 毛泽东思想的历史意义

科学地评价毛泽东思想的历史地位，是认识和评价毛泽东思想的一个十分重要的问题。《关于建国以来党的若干历史问题的决议》根据邓小平提出的指导思想，对毛泽东思想的历史地位作了充分的论述，对于统一全党的思想起了重要作用。

第一，毛泽东思想是中国社会主义革命胜利

的强大理论武器。中国革命的胜利是在毛泽东思想的指导下取得的，没有毛泽东思想，就没有中国革命的胜利。

第二，毛泽东思想是中国社会主义建设事业的思想政治基础。在毛泽东思想的指导下，我国走出了一条有中国特色的社会主义改造的道路，取得了社会主义改造的伟大胜利，建立了社会主义制度。接着，又开始了对适合中国情况的社会主义建设道路的探索。在社会主义建设中，虽然发生了严重的曲折，但仍然取得了巨大的成就。

第三，毛泽东思想是中华民族思想文化的新飞跃和新阶段。在中国现代文化发展的过程中，存在着西方与中国、传统与现代两大矛盾。如何处理这两大矛盾，是发展中国文化的艰巨任务。在这方面，毛泽东不仅提出了"马克思主义与中国实际相结合""洋为中用"的口号，使马克思主义中国化，实现了西方文化向中国文化的转变；而且提出了"批判继承""古为今用"的口号，实现了传统文化向现代文化的转变，从而解决了这两大矛盾。中国传统文化的许多精华，在毛泽东思想中都得到了继承和发展，在全国人民中得到了广泛的发扬，使中华民族的思想文化发展到了一个前所未有的高度。

党的十八大报告中指出："以毛泽东同志为核心的党的第一代中央领导集体带领全党全国各族人民完成了新民主主义革命，进行了社会主义改造，确立了社会主义基本制度，成功实现了中国历史上最深刻最伟大的社会变革，为当代中国一切发展进步奠定了根本政治前提和制度基础。在探索过程中，虽然经历了严重曲折，但党在社会主义建设中取得的独创性理论成果和巨大成就，为新的历史时期开创中国特色社会主义提供了宝贵经验、理论准备、物质基础。"这不仅仅是对于毛泽东同志个人的准确评价，也是对于毛泽东思想的科学定位。

（二）邓小平理论

邓小平理论是以邓小平为主要创立者、以建设有中国特色社会主义为主题的理论。邓小平理论被中国共产党看作是马克思主义中国化的一大理论成果，是中国共产党获得的与苏联模式不同的社会主义建设经验的理论总结。它围绕着什么是社会主义，怎样建设社会主义这个中心问题，第一次系统而科学地回答了在中国这样经济文化落后的国家如何建设社会主义的一系列根本问题。这一理论主要体现在 1978 年中共十一届三中全会之后邓小平的各种讲话、报告与会议决议之中。

1. 邓小平理论的科学内涵

邓小平理论系统地回答了中国社会主义的发展道路、发展阶段、根本任务、发展动力、外部条件、政治保证、战略步骤、党的领导和依靠力量以及祖国统一等一系列基本问题，指导我们党制定了在社会主义初级阶段的基本路线。其内涵主要包含：政治理论、经济理论、军队建设等方面。

1992 年，江泽民在中共十四大报告中对邓小平理论的主要内容做了以下概括为：

第一，在社会主义发展道路问题上，强调走自己的路，不把书本当教条，不照搬外国模式，以马克思主义为指导，以实践作为检验真理的唯一标准，解放思想，实事求是，尊重群众的首创精神，建设有中国特色的社会主义。

第二，在社会主义的发展阶段问题上，作出

SHEN ME SHI KE XUE SHE HUI ZHU YI

了中国还处在社会主义初级阶段的科学论断，强调这是一个至少上百年的很长的历史阶段，制定一切方针政策都必须以这个基本国情为依据，不能脱离实际，超越阶段。

第三，在社会主义的根本任务问题上，指出社会主义的本质是解放生产力，发展生产力，消灭剥削，消除两极分化，最终达到共同富裕。强调现阶段中国社会的主要矛盾是人民日益增长的物质文化需要同落后的社会生产之间的矛盾，必须把发展生产力摆在首要位置，以经济建设为中心，推动社会全面进步。判断各方面工作的是非得失，归根到底，要以是否有利于发展社会主义社会的生产力，是否有利于增强社会主义国家的综合国力，是否有利于提高人民的生活水平为标准。科学技术是第一生产力，经济建设必须依靠科技进步和劳动者素质的提高。

第四，在社会主义的发展动力问题上，强调改革也是一场革命，也是解放生产力，是中国现代化的必经之路，僵化停滞是没有出路的。经济体制改革的目标，是坚持公有制和按劳分配为主体、其他经济成分和分配方式为补充的基础上，建立和完善社会主义市场经济体制。政治体制改革的目标，是以完善人民代表大会制度、共产党领导的多党合作和政治协商制度为主要内容，发展社会主义民主政治。同经济、政治的改革和发展相适应，以"有理想、有道德、有文化、有纪律"为目标，建设社会主义精神文明。

第五，在社会主义建设的外部条件问题上，指出和平与发展是当代世界两大主题，必须坚持独立自主的和平外交政策，为中国现代化建设争取有利的国际环境。强调实行对外开放是改革和建设必不可少的，应当吸收和利用世界各国包括资本主义发达国家所创造的一切先进文明成果来发展社会主义，封闭只能导致落后。

第六，在社会主义建设的政治保证问题上，强调坚持社会主义道路、坚持人民民主专政、坚持中国共产党的领导、坚持马克思主义毛泽东思想。这四项基本原则是立国之本，是改革开放和现代化建设健康发展的保证，又从改革开放和现代化建设获得新的时代内容。

第七，在社会主义建设的战略步骤问题上，提出基本实现现代化分三步走。在现代化建设的长过程中要抓住时机，争取出现若干个发展速度比较快、效益又比较好的阶段，每隔几年上一个

MA LIE ZHU YI CHANG SHI GONG MIN DU BEN

台阶。贫穷不是社会主义，同步富裕又是不可能的，必须允许和鼓励一部分地区一部分人先富起来，以带动越来越多的地区和人们逐步达到共同富裕。

第八，在社会主义的领导力量和依靠力量问题上，强调作为工人阶级先锋队的共产党是社会主义事业的领导核心，党必须适应改革开放和现代化建设的需要，不断改善和加强对各方面工作的领导，改善和加强自身建设。执政党的党风，党同人民群众的联系，是关系党生死存亡的问题。必须依靠广大工人、农民、知识分子，必须依靠各民族人民的团结，必须依靠全体社会主义劳动者、拥护社会主义的爱国者和拥护祖国统一的爱国者的最广泛的统一战线。党领导的人民军队是社会主义祖国的保卫者和建设社会主义的重要力量。

第九，在祖国统一的问题上，提出一个国家、两种制度的一国两制创造性构想。在一个中国的前提下，国家的主体坚持社会主义制度，香港、澳门、台湾保持原有的资本主义制度长期不变，按照这个原则来推进祖国和平统一大业的完成。

上述九条是一个完整的体系，相互关联，不

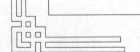

可分割，要掌握其完整体系和内在逻辑。这些都是建设有中国特色社会主义不可缺少的部分。当然，邓小平理论还有其他许多内容，还要在研究新情况、解决新问题的过程中，在实践检验中继续丰富、完善和发展。

2. 邓小平理论的历史地位和意义

首先，邓小平理论是对中国社会主义建设规律的科学认识。邓小平理论坚持和发展了毛泽东思想，是马克思主义在中国发展的新阶段。它坚持解放思想、实事求是，在新的实践基础上继承前人又突破陈规，它开拓了马克思主义的新境界。《中国共产党第十八次全国代表大会上的报告》中指出："以邓小平同志为核心的党的第二代中央领导集体带领全党全国各族人民深刻总结我国社会主义建设正反两方面经验，借鉴世界社会主义历史经验，作出把党和国家工作中心转移到经济建设上来、实行改革开放的历史性决策，深刻揭示社会主义本质，确立社会主义初级阶段基本路线，明确提出走自己的路，建设中国特色社会主义，科学回答了建设中国特色社会主义的一系列基本问题，成功开创了中国特色社会主义。"

其次，邓小平理论是改革开放和社会主义现代化建设的科学指南。党的十一届三中全会以来，邓小平理论指引我们进行拨乱反正和全面改革，逐步实现了从"以阶级斗争为纲"到以经济建设为中心、从封闭半封闭到改革开放、从计划经济到社会主义市场经济等一系列重大转变，使我国实现政治稳定，经济发展，民族团结，社会生产力、综合国力和人民生活都上了一个大台阶，成功地走出了一条具有中国特色的社会主义新道路。

再次，邓小平理论是党和国家必须长期坚持的指导思想。今天我们推进中国特色社会主义的伟大事业，仍然要继续围绕什么是社会主义、怎样建设社会主义这个首要的基本的理论问题，紧紧抓住实事求是的思想路线，不断推进思想的解放。紧紧抓住和深入领会"两手抓，两手都要硬"的基本方针，推动经济社会的全面发展。贯彻执行"一个中心、两个基本点"的基本路线。紧紧抓住和领会社会主义初级阶段的理论。努力完成分"三步走"基本实现现代化的战略任务等。这些根本性的指针，关系到中国特色社会主义的命运和前途，我们不能有任何动摇。

（三）"三个代表"重要思想

"三个代表"重要思想是中国共产党在深刻总结科学社会主义运动曲折历程和自己宝贵的历史经验的基础上，站在时代和全局的角度，根据国际国内形势的新变化、我国改革开放和现代化建设的新情况、党的历史使命及建设实际，继承马克思主义与时俱进的优秀品质和基于理论创新的时代要求，以实事求是的科学态度和巨大的理论勇气而创立的。"三个代表"重要思想，是当代中国社会历史发展的必然要求，是马克思主义中国化的新篇章。

2000 年 2 月 25 日，江泽民同志在广东省考察工作时，从全面总结党的历史经验和如何适应新形势新任务的要求出发，首次对"三个代表"重要思想进行了比较全面的阐述。提出：总结中国共产党七十多年的历史，可以得出一个重要的结论，这就是：中国共产党所以赢得人民的拥护，是因为中国共产党在革命、建设、改革的各个历史时期，总是代表着中国先进生产力的发展要求，代表着中国先进文化的前进方向，代表着中国最广大人民的根本利益，并通过制定正确的路线方针政策，为实现国家和人民的根本利益而不懈奋斗。

1."三个代表"重要思想科学内涵

（1）中国共产党要始终代表中国先进生产力的发展要求，就是党的理论、路线、纲领、方针、政策和各项工作，必须努力符合生产力发展的规律，体现不断推动社会生产力的解放和发展的要求，尤其要体现推动先进生产力发展的要求，通过发展生产力不断提高人民群众的生活水平。

（2）中国共产党要始终代表中国先进文化的前进方向，就是党的理论、路线、纲领、方针、政策和各项工作，必须努力体现发展面向现代化、面向世界、面向未来的，民族的科学的大众的社会主义文化的要求，促进全民族思想道德素质和科学文化素质的不断提高，为我国经济发展和社会进步提供精神动力和智力支持。

（3）中国共产党要始终代表中国最广大人民的根本利益，就是党的理论、路线、纲领、方针、政策和各项工作，必须坚持把人民的根本利益作为出发点和归宿，充分发挥人民群众的积极性主动性创造性，在社会不断发展进步的基础上，使人民群众不断获得切实的经济、政治、文化利益。

2. 三个代表"重要思想的历史地位和重要意义

《中国共产党第十八次全国代表大会报告》指出，以江泽民同志为核心的党的第三代中央领导集体带领全党全国各族人民坚持党的基本理论、基本路线，在国内外形势十分复杂、世界社会主义出现严重曲折的严峻考验面前捍卫了中国特色社会主义，依据新的实践确立了党的基本纲领、基本经验，确立了社会主义市场经济体制的改革目标和基本框架，确立了社会主义初级阶段的基本经济制度和分配制度，开创全面改革开放新局面，推进党的建设新的伟大工程，成功把中国特色社会主义推向二十一世纪。

首先，"三个代表"重要思想是实现中华民族伟大复兴的宝贵精神财富。中国共产党多年的历史，既是一部逐步探索和忠实实践"三个代表"的历史，也是一部实现中华民族伟大复兴的奋斗不息的历史，两者存在着历史的和逻辑的内在联系。中国最广大人民的根本利益是"三个代表"重要思想的最终落脚点，是实现中华民族伟大复兴的集中体现。

其次，"三个代表"重要思想是实现中华民族伟大复兴的强大思想武器。"三个代表"重要思想反映了历史的要求，回应了时代的呼唤，凝聚着民族的希望，是实现中华民族伟大复兴的强大思想武器。只有坚持以"三个代表"重要思想为指导，才能制定正确的路线、纲领、方针和政策，才能排除"左"和右的各种干扰，团结一切可以团结的力量，调动一切积极因素，形成振兴中华民族的伟大合力。

再次，"三个代表"重要思想是实现中华民族伟大复兴的宏伟行动纲领。实现中华民族伟大复兴既是一项长期艰巨的历史任务，又是一项十分紧迫的现实任务。全面建设小康社会是"三个代表"重要思想在新世纪头 20 年的集中体现，它赋予了中华民族伟大复兴的强大生机。在实现全面建设小康社会奋斗目标的征程中，我们将长期面对"科学判断和全面把握国际形势的发展变化"、"科学判断和全面把握我国长期处于社会主义初级阶段的基本国情"、"科学判断和全面把握我们党所处的历史方位和肩负的历史使命"这三大课题。"三个代表"重要思想为我们科学认识和正确处理这些重大课题提供了科学理论和科学方法，指明了正确的方向。

（四）科学发展观

科学发展观，是中共中央总书记胡锦涛在2003年7月28日的讲话中提出的"坚持以人为本，树立全面、协调、可持续的发展观，促进经济社会和人的全面发展"，按照"统筹城乡发展、统筹区域发展、统筹经济社会发展、统筹人与自然和谐发展、统筹国内发展和对外开放"的要求推进各项事业的改革和发展的一种方法论，也是中国共产党的重大战略思想。在中国共产党第十七次全国代表大会上写入党章，成为中国共产党的指导思想之一。

1. 科学发展观的内涵

2013年11月，中共中央理论宣传部组织出版了《科学发展观学习纲要》，阐述了科学发展观的重大意义、科学内涵、精神实质，阐述了深入贯彻落实科学发展观的基本要求，体现了党的十八大精神，体现了科学发展观同邓小平理论、"三个代表"重要思想既一脉相承又与时俱进的内在关系，为学习和掌握科学发展观提供了重要参考。

《纲要》以十八大精神为指导，进一步阐明了科学发展观的历史地位和指导意义。科学发展观是在深刻把握我国基本国情和新的阶段性特征，深入总结改革开放以来特别是党的十六大以来新鲜经验，深刻分析国际形势、适应世界发展趋势、借鉴国外发展经验的基础上形成和发展的，成为中国特色社会主义理论体系的最新成果。

科学发展观是我们党坚持把马克思主义基本原理同当代中国实际和时代特征相结合，在新中国成立以来特别是改革开放以来不懈探索的基础上，继续拓展中国特色社会主义实践、探索中国特色社会主义规律的必然结论，既贯穿了马克思主义的立场、观点和方法，又把马克思主义中国化推进到新的境界，成为同马克思列宁主义、毛泽东思想、邓小平理论、"三个代表"重要思想既一脉相承又与时俱进的科学理论。

科学发展观揭示了发展的本质和内涵，是马克思主义关于发展的世界观和方法论的集中体现，在邓小平理论和"三个代表"重要思想的基础上，进一步回答了什么是社会主义、怎样建设社会主义和建设什么样的党、怎样建设党的问题，创造性地回答了新形势下实现什么样的发展、怎样发展等重大问题，形成了涵盖改革发展稳定、内政外交国防、治党治国治军各方面的科学理论，成为同马克思列宁主义、毛泽东思想、邓小平理论、"三个代表"重要思想一道，是党必须长期坚持的指导思想。

首先，以人为本是科学发展的核心立场。科学发展观通过理论创新使以人为本成为反映科学发展真谛、党的根本宗旨、社会主义本质要求、马克思主义最高价值追求相统一的科学理念。深刻阐明坚持以人为本，就是坚持发展为了人民，始终把最广大人民的根本利益放在第一位，就是坚持发展依靠人民，从人民群众的伟大创造中吸取智慧和力量，就是坚持发展成果由人民共享，着力提高人民物质文化水平，最终是为了实现人的全面发展和普遍幸福。

其次，全面协调可持续是科学发展观的基本

要求。这是从全局高度把握中国特色社会主义事业的重要体现。一方面，经过长期发展，我们积累了较为雄厚的物质技术条件，可以在推进全面协调可持续发展上有更大作为；另一方面，城乡区域发展不平衡、经济社会发展不协调、经济发展与人口资源环境等问题更加突出，要求我们更加自觉地促进全面协调可持续发展，从而确保战略目标的如期实现。这一理念既坚持了马克思主义关于人类社会发展的基本观点，也充分反映了我们党对社会主义现代化建设规律认识的深化。

再次，统筹兼顾是科学发展观的根本方法。科学发展观深刻体现了唯物辩证法在发展问题上的科学运用。不仅强化了总揽全局、全面规划、兼顾各方、综合平衡之义，还进一步展现了整体与局部、普遍与特殊、重点与一般、宏观与微观、近期与长远、一元与多元相统一的辩证思维方式。深刻揭示了发展实践的多种统筹关系，深化了对社会主义建设规律的认识，增强了统筹兼顾的真实本领，更好地推动了科学发展。

2. 科学发展观的历史地位和重要意义

《党的十八大报告》中指出：面向未来，深入贯彻落实科学发展观，对坚持和发展中国特色社会主义具有重大现实意义和深远历史意义，必须把科学发展观贯彻到我国现代化建设全过程、体现到党的建设各方面。全党必须更加自觉地把推动经济社会发展作为深入贯彻落实科学发展观的第一要义，牢牢扭住经济建设这个中心，坚持聚精会神搞建设、一心一意谋发展，着力把握发展规律、创新发展理念、破解发展难题，深入实施科教兴国战略、人才强国战略、可持续发展战略，加快形成符合科学发展要求的发展方式和体制机制，不断解放和发展社会生产力，不断实现科学发展、和谐发展、和平发展，为坚持和发展中国特色社会主义打下牢固基础。必须更加自觉地把以人为本作为深入贯彻落实科学发展观的核心立场，始终把实现好、维护好、发展好最广大人民根本利益作为党和国家一切工作的出发点和落脚点，尊重人民首创精神，保障人民各项权益，不断在实现发展成果由人民共享、促进人的全面发展上取得新成效。必须更加自觉地把全面协调可持续作为深入贯彻落实科学发展观的基本要求，全面落实经济建设、政治建设、文化建设、社会建设、生态文明建设五位一体总体布局，促进现代化建设各方面相协调，促进生产关系与生产力、上层建筑与经济基础相协调，不断开拓生产发展、生活富裕、生态良好的文明发展道路。必须更加自觉地把统筹兼顾作为深入贯彻落实科学发展观的根本方法，坚持一切从实际出发，正确认识和妥善处理中国特色社会主义事业中的重大关系，统筹改革发展稳定、内政外交国防、治党治国治军各方面工作，统筹城乡发展、区域发展、经济社会发展、人与自然和谐发展、国内发展和对外开放，统筹各方面利益关系，充分调动各方面积极性，努力形成全体人民各尽其能、各得其所而又和谐相处的局面。

《报告》最后指出，解放思想、实事求是、与时俱进、求真务实，是科学发展观最鲜明的精神实质。实践发展永无止境，认识真理永无止境，理论创新永无止境。全党一定要勇于实践、勇于变革、勇于创新，把握时代发展要求，顺应人民共同愿望，不懈探索和把握中国特色社会主义规律，永葆党的生机活力，永葆国家发展动力，在党和人民创造性实践中奋力开拓中国特色社会主义更为广阔的发展前景。

七、科学社会主义
指导中国特色社会主义的伟大实践

2013 年 1 月 5 日，新进中央委员会的委员、候补委员学习贯彻党的十八大精神研讨班在中央党校开班。中共中央总书记、中共中央军委主席习近平在开班式上发表重要讲话。他强调，中国特色社会主义，是科学社会主义理论逻辑和中国社会发展历史逻辑的辩证统一，是根植于中国大地、反映中国人民意愿、适应中国和时代发展进步要求的科学社会主义，是全面建成小康社会、加快推进社会主义现代化、实现中华民族伟大复兴的必由之路。

（一）中国特色社会主义经济

1. 坚持和完善"以公有制为主体，多种所有制并存"的基本经济制度。1993年，中共十四届三中全会通过的《关于建立社会主义市场经济体制若干问题的决定》中，确认了公有制经济为主体、多种所有制经济共同发展的基本经济制度。党的十六大报告明确提出："两个毫不动摇"和"一个统一于"的论断："根据解放和发展生产力的要求，坚持和完善公有制为主体、多种所有制经济共同发展的基本经济制度。第一，必须毫不动摇地巩固和发展公有制经济。第二，必须毫不动摇地鼓励、支持和引导非公有制经济发展。第三，坚持公有制为主体，促进非公有制经济发展，两者统一于社会主义现代化建设的进程中，不能把这两者对立起来。"党的十七大报告进一步明确："坚持和完善公有制为主体、多种所有制经济共同发展的基本经济制度，毫不动摇地巩固和发展公有制经济，毫不动摇地鼓励、支持、引导非公有制经济发展。坚持平等保护产权，形成各种所有制经济平等竞争、相互促进的新格局。"

2. 建立、健全社会主义市场经济体制。1992年，邓小平发表"南方谈话"以后，中国共产党第十四次全国代表大会确立了社会主义市场经济体制的改革目标，改革开放和现代化建设进入新的阶段。社会主义市场经济是同社会主义基本经济制度、政治制度和文化制度结合在一起的，就要解决如何把市场经济体制同社会主义公有制很好结合起来，同社会主义民主政治很好结合起来，同社会主义思想道德建设结合起来等复杂课题，建立和健全社会主义市场经济体制的实践形式是一个长期而艰难的探索过程。社会主义市场经济体制，既有效地发挥了市场经济的优势，又充分发挥了社会主义制度的优越性，为我国国民经济的发展注入了新的活力，为社会全面进步奠定了坚实的基础。实践已经证明并将进一步证明，建立和健全社会主义市场经济体制是我国通往富裕和繁荣的必由之路。我们必须坚持社会主义市场经济的改革方向，加快改革步伐，既不能回到计划经济体制年代，又不应照搬西方的私有化和市场自由化。

（二）中国特色社会主义政治

1. 人民代表大会制度是我国的根本政治制度。我国实行的人民代表大会制度，是马克思主义国家学说和我国政治实践相结合的伟大创造，是近代以来中国政治发展的必然结果。人民代表大会制度是以人民选举产生的人民代表大会为基础的整个政权体系、政权组织制度，是包含了各级人大以及由它产生的其他国家机关的组成、职权、活动原则和相互关系的制度，同时也包含了人大与人民、中央与地方国家机构职能划分关系等的制度。全国人民代表大会是最高国家权力机关，地方各级人民代表大会是地方国家权力机关。全国人民代表大会和地方各级人民代表大会都由民主选举产生，对人民负责，受人民监督。国家行政机关、审判机关、检察机关都由人民代表大会产生，对它负责，受它监督。人民代表大会制度是适合我国国情的根本政治制度，它直接体现我国人民民主专政的国家性质，是建立我国其他国家管理制度的基础。它是适合中国国情的政治制度模式，体现了中国特色社会主义政治的制度优势和特色。

2. 中国共产党领导的多党合作和政治协商制度、民族区域自治制度以及基层群众自治制度，构成了中国特色社会主义政治制度的基本制度。

（1）中国共产党领导的多党合作制度。中国共产党领导的多党合作和政治协商制度，是同我国国体相适应的、富有中国特色的社会主义政党制度。新中国建立以来，中国共产党领导的多党合作和政治协商制度作为中国共产党团结各民主党派和无党派人士的重要形式，在巩固国家政权、恢复和发展国民经济、实施改革开放等各项重大方针政策中都发挥了不可替代的作用。在全面建设小康社会的新的历史时期，落实科学发展观、构建社会主义和谐社会、发展社会主义民主政治、提高中国共产党的执政能力，都要求我们必须继续坚持和不断完善这一政治制度。

（2）民族区域自治制度。民族区域自治制度，是解决我国民族问题的基本政策，也是一项具有中国特色的重要政治制度。民族区域自治制度，是指在统一的祖国大家庭内，在国家统一领导下，按照宪法规定，以少数民族聚居区为基础，建立相应的自治地方，设立自治机关，行使自治权，民族区域自治的民族实现当家作主、管理本民族内部地方性事务。各民族自治地方都是中华人民共和国不可分离的组成部分。各自治机关都是在国家统一领导下的一级地方国家政权。我国的民族自治地方分为三级：一是行政地位相当于省的自治区，二是行政地位相当于地区的自治州，三是行政地位相当于县的自治县（旗）。民族区域自治是与中国的国家利益和各民族人民的根本利益相一致的。实施民族区域自治制度，有利于保障少数民族的平等权利和当家作主、管理本民族内部事务的权利；有利于促进少数民族的进步和发展，促进各民族的团结、共同繁荣和发展；有利于祖国的独立、统一和现代化建设发展。

（3）城乡基层民主制度主要是指我国的基层群众性自治制度，是指基层群众性自治组织形式及其运作方式。它是基层群众性自治组织自我教育、自我管理、自我服务的方式、方法、程序的总和，是人民直接参与管理国家事务和社会事务的一种形式。基层群众性自治是非国家性质的自治，是一种基层群众性的社会自治。在这种社会自治体制中，居民委员会和村民委员会在组织上具有独立性。基层群众性自治组织通过居（村）民的自我教育、自我管理、自我服务开展工作，实行民主选举、民主决策、民主管理、民主监督。在改革开放新时期，伴随着我国政治体制改革的积极而有效的推进，我国的街（道）居（居民委员会）体制也面临着深刻的变革。在构建和谐社会的实践中，社会管理体制也在不断地创新和完善。基层民主选举、基层社团组织建设和群众自治模式创新，正在有条不紊的向前发展。

（三）中国特色社会主义文化

1. 中国特色社会主义文化的鲜明特质

中国特色社会主义文化，就是指"以马克思主义为指导，以培养有理想、有道德、有文化、有纪律的公民为目标，发展面向现代化、面向世界、面向未来的民族的科学的大众的社会主义文化"①。中国特色社会主义文化既植根于中华民族五千多年源远流长的灿烂文明，又面向当今世界文明发展进步潮流、熔铸于中国特色社会主义建设伟大实践，具有历史的延续性、鲜明的时代性和极大的包容性。中国特色社会主义文化与其他文化相比，其最鲜明的特质主要体现为三个方面：（1）坚持马克思主义在意识形态领域的指导地位；（2）坚持为人民服务、为社会主义服务的方针和社会主义核心价值导向；（3）坚持文化建设领域科学发展与和谐发展的实践创新。

中国特色社会主义文化的基本特征：

（1）中国特色社会主义文化的民族性。中国特色社会主义文化继承中华民族传统文化的精华，体现中华民族的灵魂，是国家统一和民族团结的精神纽带；

（2）中国特色社会主义文化的科学性。中国特色社会主义文化除了具有反对封建迷信和资产阶级思想意识外，还具有社会主义的性质和人类

① 《江泽民文选》（第2卷），人民出版社2006年版，第17页。

优秀文化发展的共性；

（3）中国特色社会主义文化的人民性。中国特色社会主义文化以为最大多数人民服务为根本出发点和落脚点，在尊重人民群众主体地位的前提下，提出通过发展公益性文化事业，保障广大人民的文化权益，不断满足广大人民的精神文化需求；

（4）中国特色社会主义文化的实践性。中国特色社会主义文化立足中国特色社会主义现代化建设的实践、社会主义市场经济和广大人民群众的生活实际，不断丰富和发展；

（5）中国特色社会主义文化的包容性。中国特色社会主义文化"面向现代化、面向世界、面向未来"，在继承中国传统文化和借鉴外来文化的基础上，进行文化创新和发展，体现了文化创新中的前进性和文化整合上的包容性。

文化是决定中国未来的重要力量，可以说，中国要成为一个强大的国家，除了靠经济、科技、军事等硬实力外，最终还要靠文化的软实力。

2. 以"社会主义核心价值体系"引领社会思潮

中国共产党十六届六中全会《关于构建社会主义和谐社会若干问题的决定》鲜明地提出"坚持以社会主义核心价值体系引领社会思潮",这一新要求表明了中国共产党在思想文化建设上的理性自觉和更高追求。

中国共产党在十六届六中全会《中共中央关于构建社会主义和谐社会若干重大问题的决定》(以下简称《决定》)对社会主义核心价值体系的内涵作了深刻的阐述:"马克思主义指导思想,中国特色社会主义共同理想,以爱国主义为核心的民族精神和以改革创新为核心的时代精神,社会主义荣辱观,构成了社会主义核心价值体系的基本内容。"在这一基本架构中,马克思主义指导思想是社会主义核心价值体系的灵魂;中国特色社会主义的共同理想,是建设社会主义核心价值体系的目标和动力;以爱国主义为核心的民族精神和以改革创新为核心的时代精神,是社会主义核心价值体系的情感纽带、精神支柱和价值引领;社会主义荣辱观则是社会主义核心价值体系的主要内容。这些方面互相影响、互相作用,形成一个完整的价值体系。"十二五"规划《建议》，在"建设社会主义核心价值体系"的战略规划中，第一项重要举措就是"加强走中国特色社会主义道路和实现中华民族伟大复兴的理想信念教育"，这一明文规定，在首要地位凸显了"中国特色社会主义的共同理想"和实现"民族伟大复兴"的坚定信念，抓住了"社会主义核心价值体系"的灵魂与核心。

以社会主义核心价值体系引领社会思潮的目标取向，能最大限度地形成社会思想共识，是中国特色社会主义文化建设和发展的重要实践形式之一。"十二五"规划《建议》首次以五年规划的形式，规定了加强社会主义核心价值体系建设的重要任务，有利于提升国家文化软实力，有利于建设中华民族共有精神家园，增强民族凝聚力和创造力，有利于推进和实现社会主义现代化建设和中华民族伟大复兴的宏伟目标。

（四）中国特色社会主义和谐社会

　　所谓和谐社会，是指社会的各个群体能够实现良性互动，整个社会能够表现出一种公正状态，社会能够实现安全运行和健康发展。和谐社会建设很大程度上取决于社会生产力的发展水平，取决于它同经济建设、政治建设、文化建设、生态文明建设的协调性，取决于一定阶段经济社会发展的文明程度。构建社会主义和谐社会，是中国特色社会主义伟大事业的新要求和新目标，在党中央提出的五大执政能力建设的任务中，构建社会主义和谐社会的能力是核心内容之一，中国特色社会主义的经济建设、政治建设、文化建设和社会主义物质文明、政治文明、精神文明的协调发展要在和谐社会中展开；驾驭市场经济的能力、发展民主政治的能力、建设先进文化的能力也要在构建和谐社会中体现；对外开放、应对国际局势和处理国际事务的能力，更要以国内建立和谐社会为前提和基础。构建社会主义和谐社会与建设中国特色社会主义，各自内涵极其丰富又相互交叉。中国特色社会主义是个系统工程，构建社会主义和谐社会也是一个系统工程，它们都涉及经济、政治、文化，治党、治国、治军，机制、体制、法制，民族、宗教、统一，内政、外交、军队，自然、社会、人类，资源、环境、人口等各方面的发展理论与实践，两者是对当代中国社会主义社会发展的全面覆盖和整体推进。这些表明，中国共产党对人类社会发展规律、社会主义建设规律和中国共产党执政规律认识的不断深化。

（五）中国特色社会主义生态文明

新中国成立以后，我国在现代化建设进程中一度强调战天斗地，向自然界开战，围湖造田、毁林垦荒，造成了对生态环境的人为破坏。改革开放以后，有些地方片面追求经济效益和 GDP 政绩，造成新的人与自然的不协调，甚至破坏环境的矛盾和问题。20 世纪 90 年代初，中共中央制定了快速、协调和持续发展的方针，特别是制定并开始实施可持续发展战略，开始注意经济发展与资源、环境与人口的协调问题，开始注意人与自然的和谐发展。

我国的人口、资源、环境状况存在着三个特点：一是人口众多，二是资源短缺，三是环境承载能力有限，这构成了我国社会发展的自然基础。我国必须控制人口，节约资源，保护环境，生态文明道路是我国的必然选择。长期以来，我国生产力水平总体上还不高，自主创新能力还不强，长期形成的结构性矛盾和粗放型增长方式尚未根本改变，因此"经济增长的资源环境代价过大"，成为中国经济社会发展面临的突出困难之一。2002年，中国共产党的十六大把生态环境与政治、经济、文化列在一起，作为小康社会的四个目标之一，并且把社会更加和谐作为中国共产党要为之奋斗的一个重要目标明确提出来。2003年，中国共产党十六届三中全会明确提出的科学发展观，强调要按照"五个统筹"的要求，推进经济社会全面协调可持续发展。这是新一届中共中央领导集体对发展内涵、发展要义、发展本质的进一步深化和创新，同时也坚持了毛泽东、邓小平和江泽民关于发展的重要思想，是从我国新世纪新阶段的实际出发，为破解发展难题提出来的。2007年，中国共产党的十七大提出了生态文明建设的要求，丰富了文明的内涵。"建设生态文明，基本形成节约能源资源和保护生态环境的产业结构、增长方式、消费模式。循环经济形成较大规模，可再生能源比重显著上升。主要污染物排放得到有效控制，生态环境质量明显改善。生态文明观念在全社会牢固树立。"[1] 生态文明理念充分体现了生态文明对中华民族生存的重要意义，有利于着力解决中国发展新阶段面临的一些突出问题：生态文明理念是发展经济的抓手，是绿色政治在中国发展的新阶段，在文化上与中华传统价值观有一致性，是体现民生的窗口，也展示了中国负责任的大国形象。

---

[1] 《深入学习实践科学发展观活动领导干部学习文件选编》，中央文献出版社，党建读物出版社，2008年版，第304页。

八、新形势下科学社会主义面临的机遇和挑战

（一）世界发展格局的新变化和新趋势

东欧剧变与苏联解体后，科学社会主义的国际力量遭遇了前所未有的重大挫折，以美苏对峙为标志的雅尔塔体系彻底崩溃，东西方力量对比严重失衡，美国一跃成为世界上唯一的超级大国，有恃无恐地推行霸权主义、强权政治和单边主义。苏联解体以后，西方资本主义国家欢呼雀跃、弹冠相庆，竭力鼓吹马克思主义"过时论"和"陈

旧论", 资本主义 "再生论" 和 "永恒论", 社会主义 "失败论" 和 "终结论"。然而, 苏联剧变后的 20 年间, 世界格局仍悄然发生重大深刻变化, 这种变化并非直接向着有利于资本主义的方向倾斜, 也并非向着利于社会主义的方向发展, 而是随着广大发展中国家的不断发展壮大, 特别是中国的发展而朝着多极化方向发展, 世界各国交往日益密切, 世界经济逐渐走向全球化, 而这种新变化、新趋势主要表现在以下三方面。

1. 世界资本主义遭受挫折

虽然战后世界格局出现了美国独大的局面, 但是美国并没有能够将这种优势保持下去, 一系列重大国际事件和重大决策, 导致了美国综合国力的下降, 世界霸主的地位依然岌岌可危。2001 年发生的 "9·11 事件" 震动了美国和整个资本主义世界, 此后以美国为首的西方资本主义国家先后发动了阿富汗战争和伊拉克战争, 两场战争打了近 10 年之久。在这两场战争中美国虽然成功推翻了塔利班政权和萨达姆政权, 但是军费开支近 3 万亿美元, 阵亡士兵达六千人左右, 伤残士兵更是不计其数, 导致国力严重下降。美国也因此经历了从优越感十足到恐惧不安的巨变，至今尚未完全恢复。而2008年爆发的次贷危机所引发的全美和波及全球的金融危机和经济危机，也削弱了西方资本主义国家的经济实力。这次经济危机是继20世纪三十年代经济大危机之后最为严重的一次金融和经济危机。危机爆发以来，美国和各主要资本主义国家的经济呈现了零增长和负增长，美债危机余波未了一波又起，紧接着发生欧债危机，致使欧元区面临土崩瓦解的危险，全球经济或陷入二次衰退。

危机不仅削弱了美国等资本主义国家的综合国力，也动摇了人们对资本主义的信心，马克思主义因此被重新重视起来，越来越多的人开始认识到马克思主义的科学性和重要性。在这次危机中，人们认识到资本主义危机是一种根深蒂固的制度危机，只要资本主义制度存在，这种危机就是不可避免的。马克思认为，资本主义本质上就是不稳定的，资本主义天生就会制造越来越大的繁荣与萧条，而随着时间的推移，它必将自我毁灭。在这种背景下，《资本论》成为畅销书籍，西方国家的一些政要如法国总统萨科齐、德国财政部长都阅读《资本论》，马克思主义受到人们热捧，在资本主义国家中再次掀起学习和研究马克思主义热潮。危机带来的另一个现象是，沉寂已久的群众运动和工人运动再次在欧洲各国兴起，示威游行、大罢工此起彼伏从未间断。在美国纽约，群众走上街头，发起"占领华尔街"运动，此后"占领"的浪潮迅速蔓延到许多个大中小城市，波及近百所大学，矛头直指金融寡头和高管阶层，其实质是反对分配不公的资本主义制度。可见，无论是从国家综合国力，还是从社会矛盾的激化角度来看，西方资本主义国家在战后发展至今，并没有将优势地位保持稳固，而是出现了经济的衰退与社会矛盾的激化，遭遇了重大挫折，国际形势已经在悄然间发生了变化。

2. 新兴力量异军突起

资本主义的实质就是对无产阶级和广大劳动群众的剥削和镇压，尽管资本主义国家在过去几十年中所采取的一系列新政策，对现代资本主义的政治、经济、社会确实产生过巨大的作用，保证了它长时间的稳定和发展，但是并没有改变资本主义国家作为资产阶级统治工具的实质，资产阶级国家仍然是一个"总资本家"。从 15 世纪末到 20 世纪中叶，人类社会历史中的一个重大特点就是西方国家在世界各地进行殖民扩张和殖民统治，在全球范围内建立了极不平等的国际关系，第二次世界大战前的几百年里，资本主义国家在世界各地先后建立起大大小小的殖民帝国。而在二战结束后短短几十年内，这些殖民帝国在民族解放运动和国际共产主义运动的冲击下纷纷瓦解，广大殖民地获得独立，成为新生的发展中国家。从 1945 年二战结束到 90 年代初，90 多个国家摆脱了殖民统治，成为发展中国家，世界政治地图从而发生了翻天覆地的变化，广大发展中国家逐渐成为世界格局中一支强大的力量，经营了几个世纪的资本主义殖民主义体系轰然崩塌。然而以美国为首的发达资本主义国家，利用所主导和控制的经济全球化和国际经济旧秩序，通过极为不合理的生产分工、不平等的对外贸易、跨国银行的重利盘剥、跨国公司的经济控制、技术转让的高额勒索等手段，推行新殖民主义，加强对发展中国家的剥削。为了遏制社会主义国家和新生的发展中国家，资本主义国家间形成持久联盟，在二战后又出现多层次多方面的特点，如英美国际战略伙伴关系，欧洲共同体的发展和欧盟的形成，北约和美日联盟的存在与发展，七国集团的形成与发展，其中英美国际战略伙伴关系表现得最为突出，从某种意义上讲也是这种联盟的轴心。

"9·11事件"的发生和金融危机的爆发使美欧等发达资本主义国家遭受重创，致使实力衰减，而发展中国家受其影响却较小，迎来了转机。新世纪伊始，保尔森在《全球需要更好的经济之砖》一文中，首次将中国、俄罗斯、巴西、印度称为"金砖四国"。金砖四国的领土占世界的26％，人口占世界的42％，GDP占世界的14.6％，利用起点低、资源丰富、人口众多、劳动力廉价等优势，通过经济全球化吸收外资和引进先进技术，潜力大、发展势头迅猛，成为新兴国家，也标志着国际体系从西方主导到非西方国家积极介入的转型。虽然这一现象没有从根本上改变国际社会体系结构，但新兴大国进入国际体系核心部分已经成为既定事实。新兴国家整体实力上升，并开始进入国际体系的核心，这也是世界权力消长和格局变化的明显标志，是多极化雏形的实质性显现。其中，中国地位明显上升、影响力加大，虽然中国经济多少受到全球金融危机的冲击，但始终保持正增长并率先实现经济复苏。

3. 中国崛起与世界格局转型

新中国成立后，美国等西方资本主义国家曾长期对中国采取孤立和遏制政策，中国被排斥在国际机制之外。改革开放以来，特别是冷战结束后，中国实行积极的多边外交政策，签署加入了各类国际条约和协定，积极参加各种地区性和世界性国际组织，中国也从所谓国际体系的"挑战者"和"边缘者"变成了参加者和建设者，扮演起日益重要的角色，截至2008年底，中国共参加了130多个政府间国际组织和三百多个多边条约，参加24项联合国维和行动。在2008年的全球性经济危机中，中国积极参加20国集团会议、金砖四国会议，在东盟与中、日、韩10＋3框架内，在亚太经合组织、上海合作组织中，就推动贸易和投资自由化，反对贸易保护主义，加强国际经济合作等方面，均提出了建设性意见。中国采取积极的经济刺激政策，拉动国内消费市场，在美国和西方资本主义国家经济出现严重衰退的情况下，保持了经济增长。这为减缓经济危机冲击，带动世界经济发展做出了重要贡献。中国的崛起是中国和平发展与国际体系互动的过程，是通过推动建设更加公正、合理的国际秩序，为中国和平发展创造良好的国际环境。中国的崛起也将极大地促进世界多极化和民主化进程，有利于世界和平与稳定，发展与繁荣。不可否认，中国和一些新兴国家的崛起，正在改变传统的以西方资本主义国家为主导的世界格局，包括国际规则和国际制度。但是，中国崛起不是社会主义要争夺地区或世界霸权，而是中国特色社会主义走向民主富强的历史追求，这个进程是任何人都无法阻挡的。

自冷战结束后，世界格局不断调整，中国积极推动世界格局走向多极化。冷战结束后以美苏为首的两极格局终结，在国际力量对比上，表现为一超多强的结构状态。美国仍然是当今世界上唯一的超级大国，以中国、俄罗斯、印度、巴西等国为代表的新兴经济体国家正在集体崛起，逐渐形成多个国际力量中心。中国作为联合国安理会常任理事国，世界最大的发展中国家，坚持全方位的对外开放政策，积极开展大国外交、周边国家外交、发展中国家外交和多边外交，广泛参与解决地区和国际事务，极大地提高了中国的国际地位和国际影响力，充分展示了负责任的大国形象。中国积极倡导和推动建立多极均衡的国际体系，在 1997 年 4 月与俄罗斯共同发表了《关于世界多极化和国际新秩序的联合声明》。中国推动世界格局走向多极化，是适应了多极化发展趋势。中国主张建立多极世界格局是为了建立一个民主、平等、公正、合理的国际秩序，以有利于维护世界的和平与稳定。多极世界格局的积极意义在于，将形成各大国际力量相互联系和相互制约的关系，防止任何国家推行霸权主义和强权政治，垄断国际事务。充分发挥联合国在维护世界和平、解决国际事务中的核心作用，集体协商解决国际问题。中国作为世界上最大的发展中国家，将在国际机制中更有力地表达广大发展中国家的声音，使国际机制更具代表性，使国际规则和国际制度变得更加公正和合理。

（二）科学社会主义面临的机遇与挑战

二战结束的半个多世纪里，世界格局发生了微妙的变化，科学社会主义的火种在中国得以保全和发展。然而历史没有给我们驻足喘息的时间，我们要清醒地把握当今世界的新格局、新变化，也要清醒地认识以中国为代表的社会主义国家所面临的机遇和挑战。只有准确地抓住机遇和挑战，同时化解危机和风险，才能使中国得以发展，使科学社会主义得以发展。

1. 经济全球化为社会主义带来的机遇

经济全球化的发展，加速了生产要素在全球范围内的自由流动和优化配置，促进了各国之间的相互联系和相互依赖，为我国利用世界资源，发挥"后发优势"，加速发展自己提供了难得的历史机遇。

首先，全球化为中国特色的社会主义初级阶段提供了有利的国际环境。全球化浪潮结束了二战后形成的社会主义国家与世隔绝的状态，中国等社会主义国家纷纷探索适合本国国情的社会主义发展道路和模式。全球化的发展，使世界各国越来越重视科技和经济的发展，综合国力的竞争成为各国关注的焦点，和平与发展成为时代主题。社会主义国家和资本主义国家虽然在意识形态、政治体制、价值观念上的矛盾和对立依然存在，但是，社会主义国家和资本主义国家之间的共同利益在增加。发达资本主义国家从其自身利益出发，需要同社会主义国家扩大交流与合作，从而使相互之间的联系和依赖性不断增强，这为我国集中精力建设有中国特色社会主义、提高综合国力等提供了良好的外部环境。

其次，全球化有利于中国利用发达国家的先进技术、资金及管理经验。全球化的发展趋势，使世界上先进的科技、交通、通讯等设施和手段为包括中国在内的社会主义国家所利用，为其发展提供了技术基础和支撑，也提供了可以利用的外资，从而促进本国经济的发展。中国目前的发展成就已充分证明了这一点。利用这些条件，就能加快我国工业化和现代化发展的步伐，逐步缩小与其他发达国家的距离，从而改变自身的面貌。

再次，全球化有助于提高中国的国际地位。随着全球化的发展，世界各国的联系日益紧密，依赖程度不断加深，资本主义国家逐步认识到其本身的发展离不开发展中国家的发展，全球化问题的解决必须有发展中国家的参与，世界各个国家必须联合起来共同解决。因此，发达国家应承担起支持发展中国家发展经济和改善全球环境的责任。同时，对于发展中国家来讲，社会主义国家与其具有同样的发展背景和共同的发展任务，在国际舞台上具有共同的利益，从而使社会主义国家尤其是中国在国际政治中的地位不断提高。

2. 全球化给社会主义带来的挑战

全球化固然为中国建设中国特色社会主义的发展提供了良好的机遇，但同时，由于资本主义国家在全球化进程中占据主导地位，这无疑给中国现代化的发展带来巨大挑战。

首先，全球化对经济发展和经济安全提出挑战。现行的国际经济秩序由发达国家建立和制定，代表和反映着他们自身的利益，并存在着严重的不平等。中国作为最大的发展中国家，不可能避免这种损失：对外贸易中的不等价交换、向发达国家支付的外债利息、为取得知识产权而付出的高价、人才外流等。这些在一定程度上对中国的经济发展构成威胁。

其次，全球化对中国国家安全利益构成威胁。随着世界经济的发展，传统意义上的"国家安全"概念被拓展，尤其是经济安全，已成为更重要的国家安全利益。在全球化背景下，市场力量逐渐取代政治和军事力量而成为维护国家利益的重要手段,经济利益的争夺成为各个国家利益竞争的核心。在全球化的过程中,发达国家借助市场力量不仅维护了本国的经济安全,而且往往为了求得自己的最大利益,从主观上忽视甚至牺牲发展中国家的利益,尤其是对社会主义国家,更是加以歧视。而发展中国家由于技术落后,经济发展水平较低,致使其经济在世界市场上占有的份额很低,处于劣势地位,经济安全受到严重威胁。

再次,全球化对政治提出了挑战。全球化对社会主义国家政治的挑战表现为:第一,全球化对社会主义的政治体制提出了挑战。因此,要加快社会主义国家政治体制改革的步伐。第二,全球化对社会主义的法制建设提出了挑战。经济全球化要求世界各国遵守世界通用的经济规则,这就对社会主义国家经济运行的法制化、规范化提出了更高的要求。要以法律来规范我们的经济生活和社会生活,依法治国,建立社会主义法治国家,才能更好地适应全球化的挑战。

最后,全球化对社会主义文化提出了挑战。全球化加强了中西文化的交流和接触,也带来西方文化思潮和黄、赌、毒垃圾对社会主义文化的污染。信息高速公路的建立和互联网的接通是 20 世纪的一场信息革命，原来被禁止收听的内容在网上已经是一览无余。因特网一方面给我们带来了大量新知识和信息，同时也夹杂着西方的政治观点、文化思潮和文化垃圾，这对我们的社会主义文化、社会主义精神文明建设带来了挑战。另外，境外反动刊物在地摊出现，黄色书刊、光盘通过非法途径严重泛滥，丑恶现象卷土重来，吸毒贩毒，暴力凶杀，都给社会主义文化建设带来了困难。

九、坚持科学社会主义，
抓住机遇、迎接挑战

当今时代是经济全球化的时代，当今世界是资源共享的世界。面对全球化的来袭，我们应做的不是回避，而是积极应对，主动接受来自世界的挑战。

首先，我国要受到国际社会的尊重，必须靠经济和科技实力的增强，靠人民生活富裕幸福，还要靠国民素质、民主法制、精神文明和道德力量。近些年来，我们在以经济建设为中心的同时，坚持加强政治建设、文化建设与和谐社会建设，重视对外文化交流，显示出改革开放、团结进取、平等友好、坦诚负责的国家形象。国际上对我们客观、理性、友善的评价越来越多，欢迎中国的发展、主张加强对华合作的声音越来越大，这为国内现代化建设创造了良好的环境。因此，我们要从全面建设中国特色社会主义的战略高度，重视和加强文化建设与文化交流。

其次，要尊重世界文明的多样性。现在世界上有两千多个民族，人类文明随着多种民族的相互交往而不断丰富和发展。世界文明的多样性，不仅过去存在，现在存在，将来也会长期存在。科学、民主、法制、自由、人权，并非资本主义所独有，而是人类在漫长的历史进程中共同追求的价值观和共同创造的文明成果。只是在不同的历史阶段、不同的国家，它的实现形式和途径各不相同，没有统一的模式，这种世界文明的多样性是不以人们主观意志为转移的客观存在。正是这种多样文明的并存、交汇和融合，促进了人类的进步。要承认世界文明的多样性，不同文明之间不应该互相歧视、敌视、排斥，而应该相互尊重、相互学习、取长补短，共同形成和谐多彩的人类文明。

再次，要坚定科学社会主义的建设方向不动摇。中国的民主政治建设，要走自己的路。社会主义制度与民主政治不是相背离的，高度的民主、完备的法制，恰恰是社会主义制度的内在要求，是成熟的社会主义制度的重要标志。我们完全可以在社会主义条件下，建成民主和法治国家。我们要立足国情，在实践中积极探索中国特色的民主政治建设规律。当前，我们要以促进经济发展、保障公民权益、反对腐败行为、提高政府公信力和执行力、增进社会和谐为重点，扩大民主、健全法制，继续推进政治体制改革。这样做，就能使中国人民自己选择的发展道路在国际上得到更广泛的理解和认同。

最后，要坚持改革开放和创新，为国家发展提供源源不断的动力。抓住全球化的机遇，就要加深与其他国家，特别是资本主义国家经济的合作。我国自加入 WTO 以来，已经参与到了国际经济贸易与合作当中，只有敢于竞争，坚持改革开放和创新，才能使得科学社会主义实践充满生命力，才有能力抓住经济全球化所带来的机遇，才有实力迎接经济全球化所带来的挑战，最终使得社会主义力量得以壮大，成为世界政治力量的重要组成部分。

十、科学社会主义的发展前景

　　人类社会从来都是在曲折中螺旋式向前发展的。社会主义制度虽然走过八十多年的历程，创造过一系列辉煌的业绩，但在人类社会发展的历史长河中，只是短暂的一瞬间。同有着几百年历史的较为成熟的资本主义制度相比，社会主义制度仍处于艰辛的成长过程之中。正是从这个意义说，20世纪社会主义的实践，还只是整个社会主义历史进程中的一个序幕。社会主义是迄今为止人类历史上最为深刻的社会变革，斗争—失败—再斗争，高潮—低潮—更高潮，这是社会主义全球化实现对资本主义全球化替代的必经历程。为了发展马克思、恩格斯科学社会主义理论，为了取得中国特色社会主义伟大实践的成功，我们必须保持清醒的头脑，在以下几个方面发展科学社会主义的理论与实践。

（一）抓住有利时机，
高度重视科学社会主义理论的研究

第一，加强对社会主义基础理论的研究。一是要着眼于社会主义基本原理的研究，如它的科学内涵、精神实质、根本目的、根本价值、实现手段、基本特征以及它的制度安排等。二是要在新的历史条件下研究人类历史进程与社会主义、资本主义与社会主义、科技革命与社会主义、市场经济与社会主义、经济全球化与社会主义、全球问题与社会主义的关系。三是要着力探讨社会主义的未来发展趋势及社会主义的出路与未来。

第二，加强对涉及中国未来发展的重大现实问题的研究。在推进中国特色社会主义事业的进程中，如何科学判断和全面把握国际形势的发展变化，抓住和用好重要战略机遇期，在日益激烈的综合国力竞争中牢牢掌握实现我国经济又好又快发展的主动权？如何科学判断和全面把握我国将长期处于社会主义初级阶段的基本国情，准确把握现阶段的阶段性特征，正确认识和妥善处理社会主要矛盾，推动经济、政治、文化、社会全面协调发展，不断增强综合国力，逐步实现全体人民的共同富裕？如何科学判断和全面把握我们党所处的历史方位和肩负的历史使命，以改革的精神加强和改进党的建设，使我们党始终成为团结带领人民建设中国特色社会主义的领导核心？这些重大课题能否认真解决好，关系我们党和国家的前途命运，关系全面建设小康社会的成败，关系中国特色社会主义事业的兴衰。

（二）深化改革开放，大胆借鉴吸收为我发展所用

由于 20 世纪所建立的社会主义制度几乎都是在资本主义不发达的落后国家产生的，社会主义国家要迅速提高和发展生力，应该大胆吸收和借

鉴资本主义先进的经营方式、科学的管理方法等文明成果，这不仅是社会主义建设事业的客观要求，也是实现社会主义对资本主义全面超越的必要条件。社会主义建设是一个不断积累、创新、发展、完善的过程，在这一过程中，不仅需要总结自身的实践经验和理论成果，同时还要借鉴人类文明的一切积极成果，为社会主义建设所用。

邓小平同志总结历史的经验教训说："中国长期处于停滞和落后状态的一个重要原因就是闭关自守。经验证明，关起门来搞建设是不能成功的，中国的发展离不开世界。"[①] 在经济全球化时代，国际金融的全球化和国际生产分工体系得以形成，使原材料、劳动力、资金、技术资源的配置突破了一国的框架，社会主义国家应抓住机遇深化改革开放，使各企业在全球范围内寻求合作，以获得产品的最低成本和最大利润；加强国际联系和合作，出口劳动、资源密集型产品；引进国外的资金、技术设备和管理方法，走出国门寻求更多的发展机会，谋求更大的利益。

---

① 1984 年 10 月 6 日，邓小平《我们的宏伟目标和根本政策》

（三）加强国际交流，提升
中国特色社会主义研究的国际影响

进入新世纪以来，国际社会在高度关注我国经济社会发展成就的同时，对我国的发展经验和理论成果的兴趣也与日俱增。我们应当把推动中国特色社会主义理论体系走向世界，不断扩大国际影响力作为科学社会主义理论研究的一项重要任务，采取多种途径向国际社会广泛深入地介绍中国特色社会主义的成就和经验，进一步扩大中国在当今世界的影响。

我们还应当强化国际舆论平台上的"中国话语"，抓住一切可能机会，采取多种方式，运用各种手段，向世界"说明中国"，破除国外人士因不了解中国而对中国的"误读"，增进他们对中国更多的"了解"，进而达到更高层次的"理解"。我们应该广泛开展社会主义学者的国际对话，吸收借鉴国外马克思主义、国外社会主义的理论成果。我国学者尤其是从事中国特色社会主义研究的学者应该加强与国外的学术交流和对话，使重要的学术会议有中国的声音。同时，我们也应当制订规划，向国外系统翻译一批优秀的研究社会主义、中国特色社会主义的理论著作，不断扩大我国社会主义研究成果在世界上的影响。

参考文献

[1]《马克思恩格斯全集》，人民出版社，1957年版。

[2] 孟令伟．《从马克思到邓小平》，辽宁大学出版社，1994年版。

[3] 许门友．《科学社会主义理论与实践》，西北大学出版社，2004年版。

[4] 李晓燕，刘德安．《社会主义学专题研究》，西北大学出版社，2007年版。

[5] 冯国芳．《科学社会主义理论与实践》，上海交通大学出版社，2009年版。

[6] 崔军山．《中国特色社会主义理论与实践概论》，辽宁大学出版社，2010年版。

[7] 王伟光．《社会主义通史》（第五卷），人民出版社，2011年版。

[8] 王伟光．《社会主义通史》，人民出版社，2011年版。

[9] 袁秉达．《中国特色社会主义实践形式探索》，东方出版中心，2011年6月。